SHODENSHA
SHINSHO

経済のカラクリ

――知らないと損をする53の〝真実〟

神樹兵輔

祥伝社新書

はじめに

世の中は「欺瞞（ぎまん）」に満ちている

コロナ禍に覆われた世界の状況は、まさしく「VUCA（ブーカ）の時代」を象徴しています。「VUCA」とは、変動・不確実・複雑・曖昧（あいまい）の頭文字からなる予測不能の世界を意味する言葉ですが、本当に「一寸先は闇」のような事態が次々と起こる時代になったのです。

こんな時代だからこそ、世の中にある物事や出来事の意味するところを、改めて正確にとらえ直しておきたいと考えました。つまり、公（おおやけ）に信じられていることが、真実を表すものなのかどうか——ということです。混沌とする今の世の中だからこそ、物事の本当の意味、真実の状況、嘘のない実態を知りたいと考えたからなのです。

本書は、「経済のカラクリ」と銘打ち、世の中の矛盾や欺瞞（ぎまん）的な事象を明らかにしていきます。

今後の暮らしや人生を、より正しい選択で、より快適なものにしていきたいと願うゆえに、経済社会の「ウラとオモテ」「本音と建前」を炙（あぶ）り出すことに傾注しました。

私たちは「騙されやすく」できている

そもそも私たちの思考は、間違いを犯しやすいプロセスに支配されています。脳の思考方法には、認知エラーが生じがちなバイアスがかかるためです。

通常、私たちは物事の本質を理解したい時、まずは直感で判断しようとします。瞬時に、無意識に、単純化して物事をとらえる「システム1」が機能するからです。「ヘビは危険」「2×3=6」「火の取り扱いは注意深く」「○○はおいしいから食べたい」といったモードです。もうひとつは、システム1で判断できない事柄を、論理的にゆっくり考えようとする「システム2」というモードがあります。「どうすればこの商品は売れるのか」「あの上司を説得するキーワードは何か」「どちらがトクか」といった複雑な思考です。

システム1は無意識による反射的即断ですが、システム2は論理的かつ意識的な思考ゆえに努力も必要です。このシステム1と2の思考が物事をとらえる時、さまざまな認知バイアスがかかってきます。そのため私たちは、しばしば誤った判断のままに、意外な「盲点」や「落とし穴」へと導かれていってしまうのです。

心理的バイアスに支配されがち

たとえば、合理的に思考したつもりでも、私たちは、「権威」の存在に影響されます。専門家の意見であれば、「きっとそうなのだろう」と、思考を放棄することもしばしば行っています。難しい問題であるほど、自分で悩み考える労力を省き、楽をしようとするからです。自分が納得していなくても、正しい物事の見方と思い込むのです。

あるいは、「何かを選択する時」なら、物事を比較し、自由にチョイスできる立場を楽しみますが、選択肢が多すぎると選択そのものが面倒になり、テキトーに選んだりします。

また、「みんな」の存在に左右されて、多数派に同調していくこともよくあります。集団と同じであれば、「多くの人が支持しているのだから間違いない」と考え、安心していられるからです。納得がいかなくても多数派に与(くみ)するのは、これも楽だからです。

さらに、直近で影響を受けた体験に左右されることも往々にしてあるでしょう。悲惨な事故や災害の映像を見ると、すぐにもリスクのない行動をとろうと思います。

たとえば、飛行機で出張に出かけるところを、急に新幹線に変えたりします。日常生活では、表層的なイメージで思い込みを深めることも、よくあるものです。

イケメンや美人を見て、内面の性格や知性までも好ましい人物と感じます。

そして、好きなモノには興味を抱き、メリットを次々見出しますが、嫌いなモノには観察眼がはたらかず、多くのことを見落としがちなのです。こうした例は、他にもまだまだ沢山ありますが、人の認知はこうして容易に歪(ゆが)められてしまうのです
ゆえに、本書のように、物事の「ウラとオモテ」を検証し、見直していくことは、大切な機会となるはずです。自分の思い込みや考え方が、偏(かたよ)った視点によるものだったと悟るだけでも、今後のさまざまな場面においてメリットがもたらされるからです。

「たぶん、これは違うはずだ」という気づきや疑いが自然に得られるようになるだけで、これからは、「有意義な選択をするチャンス」に恵まれるからに他なりません。

どうぞ、本書の興味のある項目から、自由にお目通しください。

きっと、役に立つ、新しい視点が得られることを、ここでお約束しておきます。

著者

目次

第1章　話題のビジネスのカラクリ

第2章　商品価格のカラクリ

第3章　AIと仮想通貨のカラクリ

第4章　税金のカラクリ

第5章 投資のカラクリ

図版製作：アルファヴィル・デザイン

第1章

話題のビジネスのカラクリ

1――なぜ「転売ビジネス」が増えているのか？

副業の広がりが手軽な「転売ビジネス」への参入を促した

「転売ビジネス」が広がり、20～30万人もの人たちが参入しているようです。

人気の理由は、サラリーマンの副業として手軽に始められるからで、毎月数万円のお小遣い稼ぎの人から、毎月数百万円規模で仕入れて年収2000～3000万円を稼いで脱サラし、「古物商（こぶつ）」の許可を得て独立開業した人までさまざまです。

転売ビジネスが広がるキッカケは、もともとは古本屋やブックオフなどで、ネットで高く売れそうな本を探し、アマゾンやヤフオクで売って差額を儲ける「せどり」が流行したのが始まりです。今ではホビーから家電、日用品、ギフト券まで、さまざまな商品で転売が行われるようになっています。

インターネットが普及した今日では、アマゾンやヤフオクだけでなく、スマホで簡単に転売ができるメルカリも人気です。

最初は自宅にある不用品を処分することから始め、やがて転売にはまって、セール品や高く売れそうな品をどこかで見つけて、ネットで売るようになった人も多いのです。

価格の差異はどこでも生じている

「安く仕入れて高く売る」ことは商売の基本ですが、ネット環境の普及で転売ビジネスには一般人も気軽に参加できるようになりました。

たとえば、家電量販店のワゴンセールで、３９８０円のヘアドライヤーを購入し、アマゾンで６９８０円で売れれば、粗利は３０００円ですが、ここから手数料と配送料を引くと利益は２０００円という具合です。

リサイクルショップや家電量販店、ホームセンターやドラッグストアといった実店舗では、必ず一定期間内にセールを行います。商品入れ替えのためや、在庫見切り品が必ず出るからです。これを効率よく購入して、アマゾンやメルカリに出品し、売れた価格との差額が大きければ利益も大きくなるのです。ネット環境は、24時間つながっていますから、サラリーマンでも夜間に行うことができます。

実店舗を利用せず、海外のネット通販を利用して商品を仕入れ、国内のネットで転売したり、国内で仕入れた品を海外で転売するといった手法まで幅広く行われています。

「古物商」の許可が必要になる場合

ところで、アマゾンやメルカリで転売ビジネスに乗り出しても「古物商」の許可は要らないのでしょうか。これには、「反復継続性」が一番の問題になります。

一般に自分が所持する不用品をネットオークションやフリマアプリで売るのは、「営業」には当たりません。しかし、次々と仕入れた商品を毎回複数点数で同時出品し、「反復継続」して「営業」している形だと、古物商の許可を得ていないと違法になります。

2020年5月には、コム・デ・ギャルソンの社員が、コム・デ・ギャルソンの古着3着を仕入れてネットで転売し、5万7000円の利益を得たとして摘発され、書類送検される事件が起きています。ネットでは、この転売行為の何がいけなかったのかという質問の声が多数上がりました。これは、仕入れて転売する行為を繰り返していたために摘発されたのです。新聞報道によれば、この社員（24歳）は、かつて古着店での勤務経験があり、出品されたギャルソンの商品で、高値で売れそうなものを見分ける「目利き」ができたのです。2017年の1月以降、書類送検されるまで452点を転売し、216万円の利益を上げていました。

ネット上の「チケット高額転売」は禁止された

転売というと、コンサートチケットやスポーツイベントのチケットでの高額転売で警察に摘発されたニュースも時々耳にします。

これは、人気のあるチケットを買い占めて、会場近くで高額販売する「ダフ屋」行為が問題とされます。ファンの人たちがチケットを購入できず、不当に高い価格でしかチケットが購入できなくなる一種の妨害行為でもあります。こうした行為は、従来も都道府県の「迷惑防止条例」などで取り締まられていましたが、ネット上での高額販売は、条例の適用範囲外に当たり、取り締まれなかったのです。ゆえにネットで「ダフ屋」行為を行う者が年々増えて、暴力団の資金源ともなりかねませんでした。

しかし、２０１９年6月から「チケット不正転売禁止法」の施行により、ネット上の高額転売も取り締まり対象となりました。この法律の正式名称は、「特定興行入場券の不正転売の禁止等による興行入場券の適正な流通の確保に関する法律」といいます。違反すると1年以下の懲役か百万円以下の罰金、またはその両方を科されます。なお、自分が行くつもりだったコンサートに急に行けなくなった場合は、正式なリセールサービスサイトで定価で転売できます。

2──なぜ個人のM&Aが注目されているのか？

零細・小規模事業者の大廃業時代を迎えている

M&Aとは「Mergers」と「Acquisitions」の略で、合併と買収を意味します。

通常は、企業同士のM&Aを指しますが、近年サラリーマンという個人の立場でM&Aに乗り出す人が増えています。その理由は、意外に少ない金額で事業そのものを買えることが注目されてきたからです。１００～５００万円という少ない金額で事業が買えるのは、事業規模が小さいからです。

サラリーマンは老後資金に不安がある上、40～50代になると、役職定年や給料減額が視野に入ってきます。定年までにひと稼ぎして老後資金を確保したい思いと、自分の実力を発揮できる経営者の立場に憧れる人も少なくないからなのです。

そのうえ、ゼロからスタートの独立開業といった起業とは異なり、黒字事業をそのまま継承できるのも、背中を押される理由でしょう。

現在は、国や地方自治体までが、中小企業の事業継承支援に乗り出しています。その理由は今が零細・中小企業の大廃業時代になっているからです。

雇用労働者の69・４％が中小企業に勤めているので雇用の維持は重要です。

ただし、過去20年で１００万以上の事業者が減ってきたのは、従業員数が20名未満の零細・小規模企業が中心です。これらは個人経営が半数あまりも占めています。零細な小規模事業者が減少しているのは、経営者の健康不安や高齢化によるものです。

経営者も、黒字の事業ならば、何とか継続させたいものの、従業員も高齢化していると、従業員の中から手を挙げて事業を継承してくれる人もいないのです。

そのため、自分の事業をM＆A斡旋（あっせん）会社に託すケースが増えてきました。また、M＆Aマッチングサイトも増え、サラリーマン個人でもM＆Aがしやすくなっているのです。

多種多様な事業が売り出されている

M＆Aサイトを覗くと、小規模ビジネスの多種多様な事業が売り出されています。

物販店、飲食店、アクセサリー工房、不動産店舗、通販サイト、塾、医院、工場など、じつにさまざまな業種があります。数百万円から数億円する事業など、まさに百花繚乱なのです。

見習い期間をつくったほうがスムーズ

Ｍ＆Ａ成立までの流れを見てみましょう。

まずは、どんな業種が自分の適性に合っているかで事業を絞り込みます。次いで、選んだ事業の詳細を調べます。そして相手方との売買交渉です。秘密保持契約を結んでから、事業内容について細かくチェックします。

事業譲渡の方向が見えてきたら、基本合意契約を交わし、デューデリジェンス（リスク調査）を法務面、労務面、借入金の有無や買掛金、売掛金など詳細にチェックしていきます。問題なければ譲渡契約成立です。法人なら登記などを書き換えます。

ところで、サラリーマンが、いきなり事業経営者になるわけですが、うまく経営ができるのでしょうか。

問題が多いのは、従業員との関係がうまく取れるかどうかといわれます。

小規模事業経営者の場合、経営者の個性が魅力となって、従業員を引っ張ってきた面が強く、サラリーマン上がりの人がいきなり新しい経営者になると、従業員は当惑することが少なくないからです。現場の仕事を回しているのは従業員なので、コミュニケーションがうまく取れないと、従業員が去り、事業が空っぽになるということさえあるのです。

また、取引先との関係も、従前の経営者との関係が深いので、新しい関係性構築までは時間もかかります。

事業を成功させやすいのは、いきなり新経営者として事業を引き継ぐよりも、最初は弟子入りするつもりで半年なり1年、今までの経営者の下で従業員として働かせてもらうことがよいともいわれます。周囲の従業員や取引先との人間関係構築には時間をかけたほうがよいからです。

小規模事業経営者はどんどん減っていく

経済産業省の調査では、２０２５年までに70歳に到達する小規模事業経営者は30・６万人、75歳に到達する経営者は６・３万人です。これらの経営者の事業継承がうまくいかないと、２０２５年までに６５０万人の雇用が奪われ、22兆円のＧＤＰが消失すると予測されているのです。コロナ禍で売上が激減している事業も多く、日本の小規模事業経営者が消えていくスピードは、さらに速まるかもしれません。

一生サラリーマンでは、金持ちになりにくいのも事実です。実力のある人にはチャンスの時代到来なのかもしれません。

3——なぜ「貧困ビジネス」が広がっているのか？

弱者を食い物にする手口

「貧困ビジネス」と呼ばれる低収入の弱者を食い物にして儲けるビジネスがあります。とりわけ酷い(ひど)のが「無料低額宿泊所」を営む事業者のビジネスモデルです。

事業者は、都道府県への届出義務があり、事業内容や収支報告を求められます。

2018年時点で全国に約570施設、約1万7000人を収容しており、入所者の90%以上は生活保護受給者です。しかし、無届の事業者もかなり多いといわれ、これらの事業者の中には、不当に営利をむさぼる事業者も少なくありません。

生活保護には、8種類の「扶助」があります。「生活扶助」「住宅扶助」「医療扶助」「教育扶助」「介護扶助」「出産扶助」「生業扶助」「葬祭扶助」です。これらが必要に応じて扶助されるだけでなく、状況に応じて「障害者加算」や「母子加算」などの生活扶助への加算もあります。このうち東京23区が全国で最も支給額が多く、20〜40代の単身者の場合でまずは「生活扶助」が約7万9000円、「住宅扶助」が限度額5万3700円までで、上限額13万2530円まで受給できます。

無料低額宿泊所の入所者は生活保護費の中から家賃や食費を事業者に支払います。

しかし、事業者は、入所者の部屋としてベニヤ板で仕切られただけの狭小劣悪空間をあてがい、インスタントラーメンや菓子パンなどの粗略な食事を提供するなど、他にもさまざまな名目で生活保護費の大部分を金銭管理名目で根こそぎ徴収します。こうした悪質事業者があとを絶たず、入所者が使えるお金はわずか1～2万円しか残らないといいます。

手っ取り早い金儲け手段

なぜ、こんな悪質な事業者が増えているのでしょうか。行政の立ち入り検査も、立ち入り基準が明確でないため、ほとんど行われていないからです。事業者は民間のNPO法人（特定非営利活動法人）が多いものの、個人でも始められるので、手っ取り早い金儲け手段として悪質な事業者が続々参入するのです。そして税金が原資の生活保護費が、事業者に掠（かす）め取られます。

2010年には、全国で21施設を運営する業界2位の事業者が、約2億円の脱税で摘発されました。入所者の生活再生に役立っていないことは明白なのです。

行政側も貧困ビジネスに加担

こうした無料低額宿泊所の入所者の多くは、元ホームレスや元ネットカフェ難民、障碍者などの弱者です。自分で納得して業者と契約し、入所しているのだから仕方がないでは済まされません。入所者の生活再生に貢献する仕組みになっていないからです。

行政にも多大な責任があります。生活保護制度は憲法25条の「健康で文化的な最低限度の生活を営む権利」を保障する制度です。しかし、自治体の中には不正受給や財政負担を嫌い、また、ケースワーカーが担当する生活保護者数の増加を防ぐために、「水際作戦」で生活保護申請者を追い返す、ぞんざいな扱いの福祉事務所が少なくないからです。

そのうえ、生活保護受給者の面倒を見たがらないケースワーカーが、無料低額宿泊所にすすんで受給者を丸投げしている実態もあります。

生活保護受給者数は、コロナ禍の下で増加傾向です。行政が、無料低額宿泊所の商売に加担する形は本末転倒でしょう。

生活再生の邪魔と税金の無駄遣い！

ちなみに、厚生労働省の２０１７年度データでは、生活保護受給者は、１６４万世帯２

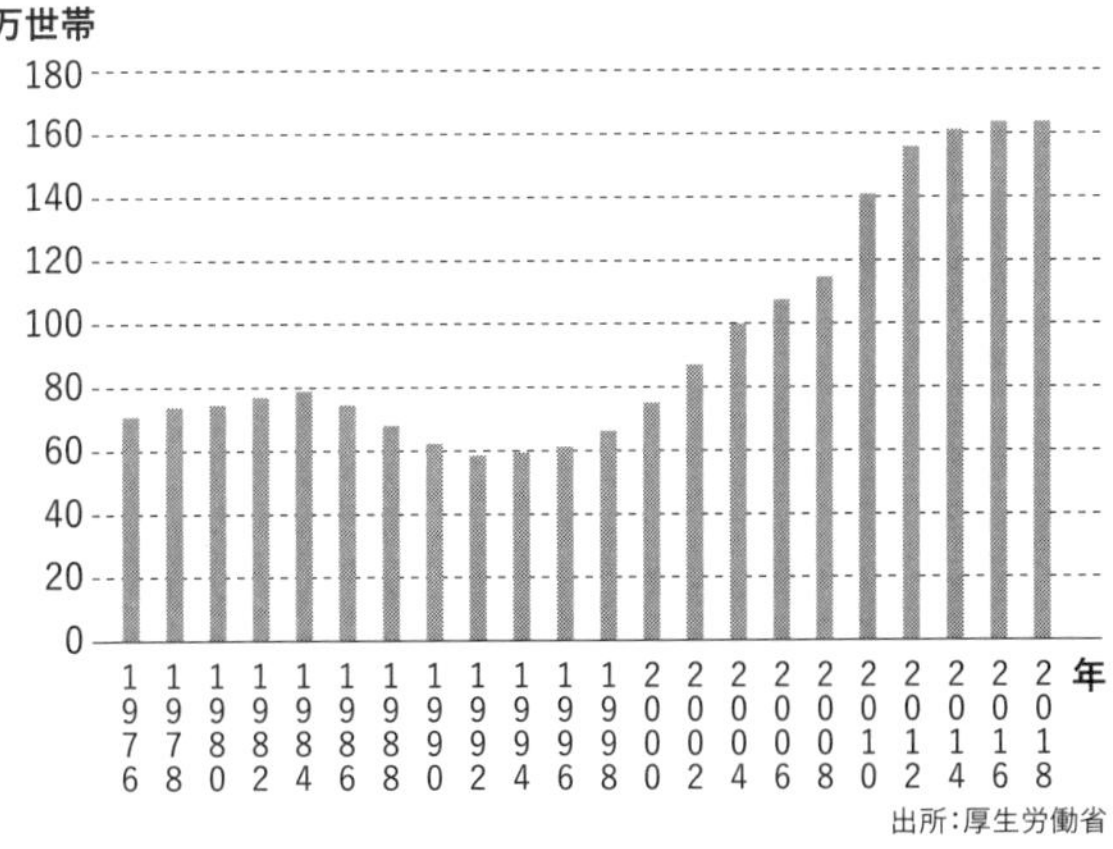

14万人で総支給額は3・8兆円です。4分の3を国が負担し、4分の1を市町村が負担します。このうち、65歳以上の高齢者世帯が半数を占めています。そのせいで医療扶助も総支給額の半分に及び、財政を逼迫させています。

近年、国は数百億円単位で支給額を減額していますが、このコロナ禍が続けば、受給者数も総支給額も激増するはずです。

無料低額宿泊所の貧困ビジネスを放置しておくことは、生活保護費を悪徳業者に掠め取らせる一方で、生活保護受給者の自立も促せず、税金の無駄遣いが続くだけです。

貧困ビジネス撲滅のために、厳格な取り締まりと罰則の強化が望まれるのです。

4——なぜ「テスラ」がトヨタを超えたのか？

異端の天才イーロン・マスク氏への大きな期待！

テスラは米国のEV（電気自動車）メーカーです。2003年に創業したばかりですが、米国株式市場での時価総額は、2020年1月にVW（フォルクスワーゲン）を抜き、7月にはトヨタ自動車（2019億ドル）を抜き、8月21日には、3800億ドル（約40兆円）になりました。もはや、トヨタ、フォルクスワーゲン、ダイムラーの上位3社の合計よりも大きくなり、時価総額においては、世界一の自動車メーカーになっています。

テスラを現在率いているのは、1971年南アフリカ生まれのイーロン・マスク氏です。10歳の時に両親に買ってもらったコンピューターにのめり込み、独学でプログラミングを学び、12歳の時にはゲームソフトを販売しています。17歳で大学入学資格を得て、親戚のいるカナダに移住、農場や穀物工場の肉体労働で自立しながらカナダの大学に進学、その後米国のペンシルベニア大学に移籍し、スタンフォード大学の大学院に進みますが、すぐにやめ、オンライン出版のソフトを販売する会社を成功させ、売却して2200万ドルの資金を得ます。そして、電子決済サービスのペイパルの前身の会社を起業し、民間宇宙開発会社スペースX社や太陽光発電企業などを興し、テスラ・モーターズにも出資して創業メンバーに加わっていました。文字通りの天才的起業家です。

テスラは、時価総額で世界一の自動車メーカーになったとはいえ、トヨタの売上高約30兆円、営業利益２兆４０００億円と比べると、２０１９年12月期の売上高は２４６億ドル（約２兆６０００億円）にすぎず、最終損益はまだ８億６２００万ドルの赤字です。

19年のテスラの引き渡し台数は36万７５００台で、累計でも20年３月にようやく１００万台を突破したばかりです。ガソリン車中心のトヨタの19年の世界販売台数１０７４万台に遠く及びません。

テスラはＥＶメーカーとしては世界一の販売台数ですが、世界の総合自動車メーカーの販売台数では20位前後にとどまっています。

先行きはまだまだ不透明

なぜ、この会社が株式時価総額で世界一になったかは、市場のイーロン・マスク氏への「個人的な能力への過剰な期待」という厳しい評価もあり、先行きは不透明なのです。

テスラがつくってきたクルマとは？

テスラが、これまでに発売してきたクルマを見ておきましょう。

08年に最初の「ロードスター」というスポーツカー仕様のEVを発売、1000万円以上するクルマでも人気は高く、航続距離（充電満タンでの走行距離）は356キロ、100キロ加速が4秒台で加速性能のよさが注目されます。次いで12年に高級セダンの「モデルS」を発売します。700万円台からで家庭用コンセントから充電でき、航続距離は647キロに達し、EV車では最高です。100キロまで2・6秒で到達する加速性能が話題になりました。同年には7人乗りSUVタイプの「モデルX」を発売。これも航続距離が500キロを超え、加速がよく100キロまで2・9秒です。

2016年には小型で500万円台からの低価格な5人乗りセダン「モデル3」の3タイプを発売し、量販車市場に参入しました。航続距離は560キロで、100キロ加速は最高車種で3・6秒です。2019年には「モデル3」の車体をベースにしたコンパクトSUVで7人乗りの「モデルY」を3タイプで発売、航続距離500キロを達成し、100キロ加速はタイプ別に4〜6秒台です。

これまでのEV車の弱点はガソリン車と比べ、航続距離が短く、街乗り中心でしか使えないといわれてきたのですが、テスラのクルマは、他のEV車と比べ航続距離が長いことと、ガソリン車よりも加速性能がよいのが特徴になっています。斬新な車体デザインとあわせて、性能の優秀さで、EV車の常識を打ち破ろうというイーロン・マスク氏の意気込みが伝わってきます。

自動運転システムのバージョンアップでサブスク課金

テスラの全車種には、「オートパイロット」という運転支援機能が搭載されています。これは、運転手の監視下で高速道路を自動走行できる「レベル2」の性能をもちます。そのうえ、19年以降に発売したすべてのクルマに、「FSD（フルセルフドライビング）システム」を搭載しています。これは1秒間に144兆回の演算が可能という車載コンピューターで、イーロン・マスク氏はこの「FSD」を最重要視しています。

この「FSD」にソフトウェアアップデートを通じ、継続的に自動運転機能向上のシステムをサブスクリプション型サービスで提供しようと計画しているからです。

「売ったら終わり」の従来型のクルマ業界に、オートパイロットとFSDで、継続課金する画期的ビジネスモデルを計画し、レベル5も間近いと声高に宣言しているのです。

5――なぜ日本人の賃金は下がったのか？

日本だけの特異な状況

日本人の賃金は、過去20年間で９％下がりました（１９９７年と２０１７年対比）。マイナスになった国は、ＯＥＣＤ（経済協力開発機構）加盟37カ国で日本だけです。このＯＥＣＤのデータでは、イギリスは１８７％、米国は１７６％、フランスは１６６％、ドイツは１５５％になるなど、大きく賃金が上がっています。どの国も賃金が上昇しているのに、日本だけが91％となり、賃金が低下したのです。このデータは購買力平価換算で物価データも織り込まれたものです。ちなみに１９９７年は日本の賃金水準が過去最も高かった年ですが、この年あたりから日本は恒常的にデフレが続きます。

デフレは物価を下げますが、賃金にも下押し圧力がはたらきます。

バブル崩壊後の日本では、非正規雇用も広がり、今や労働者の４割近くに及びます。

コロナ禍が始まる前まで、日本では人手不足が叫ばれましたが、それでも日本では賃金が上がらず、経済学の教科書通りにはなりませんでした。労組の組織率も16％台ゆえに賃上げ圧力も弱いままです。

バブル崩壊に懲りて以降、企業側が臆病になり、賃金を抑制してきたことは否めません。おかげで、企業の内部留保額は２０１８年度に４６３兆円になっています。

人件費にも設備投資にも回さず、ひたすら利益の蓄積を図ってきたため、ＧＤＰの９割に迫るほどの額を積み上げたのです。内部留保の現金部分に税金を課して、人件費に回すよう仕向けるべきという声もありますが、二重課税の矛盾に直結します。

お隣の韓国では期間限定で二重課税をしたものの、人件費には回りませんでした。

日本がますます貧乏になる

賃金が上がらずに下がっていくと、消費が伸びないので、内需の減少が、やがて国内企業の首を絞めていきます。低賃金を続けるほどに、労働生産性（付加価値）は、低下するともいえるからです。

生産性の低い仕事の自動化や効率化が進まないために、付加価値の高い仕事へのシフトも進みません。日本の中小企業の生産性が上がらないことは、やがて世界への競争力を殺ぐことにもつながっていくでしょう。

生活保護受給者が激増する

アベノミクスでは、日銀の異次元大規模緩和で1ドル80円台の円高を100円台までの円安に戻し、輸出企業を潤わせましたが、増えたのは輸出額で輸出量は伸びませんでした。すでに生産拠点を海外に移している企業も多く、輸出大企業が内部留保を増やしただけで輸入物価が上がり、国民生活を厳しくし、従業員の賃上げにも一切寄与しなかったのです。

賃金が上がらない社会は、国力の低迷へとつながります。大学生の奨学金受給率は5割に迫り、奨学金返済の負担から一人暮らしもできず、親の家に同居して、そこから通える就職先しか選べなくなってしまいます。

将来不安が募(つの)ると、結婚もあきらめざるを得ず、少子化がますます進みます。低賃金では貯蓄もできず、老後不安を解消できないまま定年となり、生活保護の受給者が増える一方となるでしょう。このままでは、日本はジリ貧間違いなしなのです。

日本の賃金水準に、平均でまだ追いついていないアジア諸国でも、ハイテク人材の賃金は、日本のそれを上回る企業が続々と登場しています。

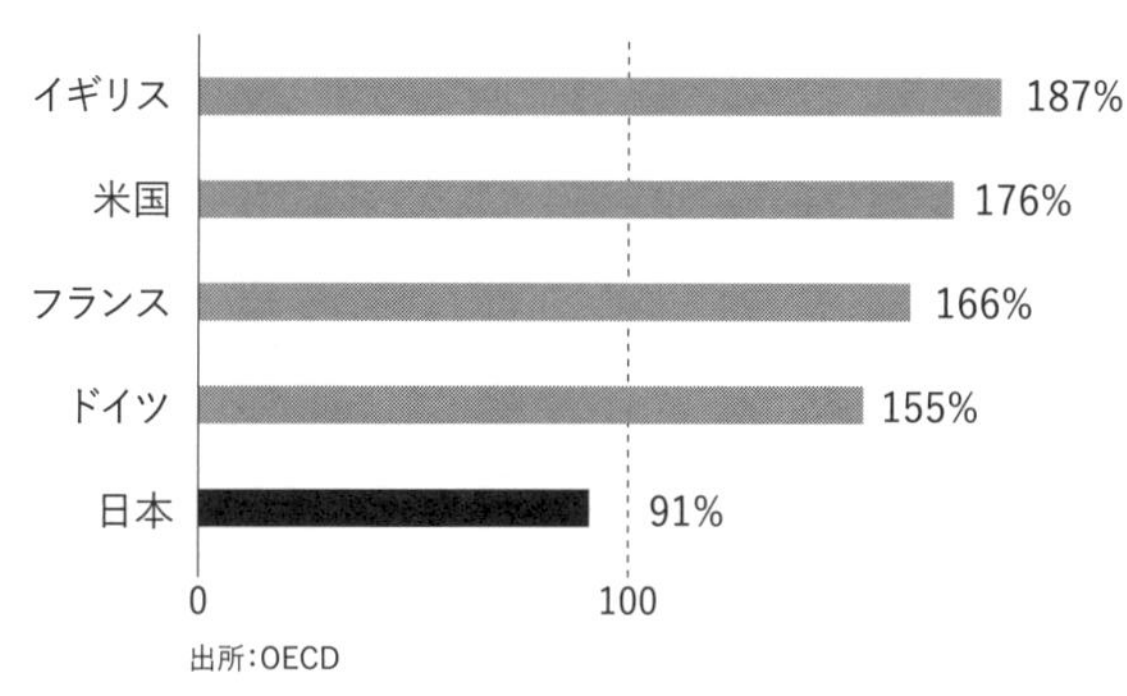

コロナ禍後の新しい世界で生産性が向上？

では、日本の賃金を上げるためにどうしたらよいのでしょうか。

最低賃金の上昇率を、現在の３％程度から５％台に加速させるべきという声もあります。イギリスでは、１９９９年にこれをスタートさせ、低い失業率のまま、２０１８年水準でほぼ2倍の賃金に上げることに成功しています。やはり、強制力がはたらかなければ、賃上げは実現できないのです。

しかし、現状ではコロナ禍が広がり、賃上げどころか、失業不安や自殺不安が世の中には蔓延(まんえん)しています。そして、皮肉なことに非接触のリモート技術や、ロボット化による無人化が注目されています。

今後は、どこまで生産性向上につなげられるかが問われることになるでしょう。

6――なぜコンビニ経営は「奴隷労働」なのか？

自分の店でも「経営の自由」はない

日本中に溢れかえるコンビニエンスストアですが、５万８０００店舗まで増加して飽和状態が囁かれています。人手不足が襲い、コロナ禍が広がって、売上も今一つの状況となりました。一部の店舗ではコロナ失業者の応募が殺到して、人手不足は解消というニュースもありました。ところで、コンビニの商品はスーパーと比べると割高です。しかし、ＡＴＭが使え、コピーやＦＡＸが使え、公共料金の振込が行え、宅配荷物が送れ、焙煎したてのコーヒーが飲め、チケット購入もできる便利さには他に代えがたい魅力があります。また、割高感を薄める意味では、ＰＢ商品の充実ぶりにも目を瞠らせられます。

近所にあると何かと便利ですが、これをフランチャイジーオーナーとして経営するのは、かなり大変といわれます。最近になって、ようやく本部側にもシステム改善の動きがありますが、「奴隷労働」や、「コンビニ残酷物語」という酷い比喩まであります。何が大変なのかといえば、本部の「縛り」がきつく、経営の自由度がないからです。

営業時間一つ経営者自身が勝手に決められません。３６５日営業です。値引き販売もできず、賞味期限切れ食品は自腹処分です。

仕事がつらいので途中で辞めようと思っても、契約が10～15年縛りで長く、途中解約は数百万円の莫大な違約金が課せられます。業績好調で複数店舗を経営し、左団扇（うちわ）のオーナーもたまに見かけますが、多くのオーナーは家族に助けてもらい、長時間労働で苦しい思いを味わっています。借金苦に悩み、裁判を起こす人も少なくありませんが、コンビニ本部に勝訴した人は、ほとんどいません。本部が作った事前の売上予測と実際の売上の差があまりにもひどかったという理由で、オーナー側が勝訴した例がわずかにあるぐらいです。

本部は、鉄壁の契約書に守られ、ビクともしません。オーナーも消費者でなく、対等の独立経営者なので保護されないのです。

オーナーには不利な仕組みだらけ

コンビニは、オーナーが土地建物を自分で用意する場合と、土地建物を本部名義で借りてもらう場合とで、本部へのチャージ率が異なります。前者は粗利益に占める本部へのチャージ率が30～43％程度、後者だと本部の取り分が多く、50～76％にまで及びます。

売上原価の奇妙な計算方法

借金してコンビニオーナーになったら大変です。

しかも、各店舗では、毎日の売上代金を全額本部に上納させられ、入金遅れには高額金利のペナルティも発生します。通常の商売なら、売上から売上原価を引いた残りが「粗利益」です。しかし、コンビニ契約上の売上原価は、商品廃棄分や棚卸減耗損（盗難・紛失）を含まないので、売上原価が小さくなり、粗利益が大きく膨らむ計算になっているのです。本部へのチャージ率は、粗利益に対してかかる比率ゆえに、本部の取り分は大きく膨らみます。つまり、本部は、加盟店に販売機会損失（品切れによる儲け損）を出させないように、常に商品を多めに発注させ、賞味期限切れの廃棄商品が多かったり、ロス（万引き）が多いほど儲かることになるわけです。

そのため、オーナーの中には、廃棄すると自分の損失になるので、家族全員で毎日期限切れの食品や総菜を食べているという笑えない構図も登場します。５００円の弁当の粗利益が30％とすると、売上原価は70％（３５０円）です。この弁当を賞味期限切れで廃棄するとオーナーは３５０円もの売上原価分を損する仕組みです。家族全員で無理やり食べていかないと、大損するゆえんなのです。

夫婦で働いても年収はわずか

日商が53万円のコンビニのケースでオーナーの収入を考えてみましょう。このケースだと月商が1600万円になり、年商は2億円になります。粗利益が3割だと年間で6000万円になります。

これを本部とオーナーで分け合いますが、オーナーが自前の土地建物で加盟している場合で、本部へのチャージ率が40%なら、6000万円の粗利の60%分の3600万円がオーナーの取り分です。ここから年間のバイト人件費1080万円、廃棄ロス480万円、万引きロス300万円を差し引くと、オーナー夫婦の取り分は1740万円。2人で割ると870万円です。これならまあまあのよい収入といえるかもしれません。

しかし、土地建物を本部名義で借りてもらい、チャージ率が60%だと、オーナーの取り分は2400万円です。

ここから経費を差し引くと、たったの540万円にしかなりません。夫婦で長時間労働をして、こんな低い金額では到底見合わないといえるのです。

また、店がウハウハ儲かっていた場合、本部はドミナント戦略で、ライバルに出店されないよう近隣にさらに店を出してきます。たちまち売上は食われてしまうのです。

7──なぜ歯科医はインプラントを勧めるのか?

かつては「脱税御三家の一つ」となるほどに儲かった

1960年代から80年代にかけての歯科医は儲かりまくっていました。「歯科医・産婦人科医・パチンコ屋」は脱税御三家といわれたほどでした。当時は、健康保険適用外の新しい診療技法が次々加わり、自由診療を望む人も多かったため、歯科診療所には虫歯に悩む子どもから老人まで多くの患者があふれ、レジには万札がうなったのです。

しかし、90年代に入ると、保険診療の幅が広げられ、健保適用外の高額な自由診療が望めなくなっていきます。そのうえ、厚労省は歯科医不足と見立て、歯科大の新設や定員増を図ったので歯科医は激増していくのです。2018年末の時点で、医師の数が約32万7000人に対し、歯科医は約10万5000人です。医師には数多くの診療科目がありますが、歯科診療はほぼ単独科目でこの数字なのです。しかも、多くの一般病院では歯科が併設されていないため、ほとんどの歯科医師が独立開業を目指します。その結果、歯科診療所は全国に6万9000近くもあり、コンビニの5万8000店舗より多くなりました。

これでは過当競争で儲からなくなります。今では歯磨き習慣で虫歯の人も減っています。現在では厚労省も歯科大の定員を絞り込むようになりましたが、後の祭りだったのです。

歯学部の国立大学の6年間の学費は、入学金も含めておおよそ350万円です。しかし、私立大学だと、2000万円台がザラで、3000万円を超えるところも見られます。そのうえ、歯科診療所を開設するとなると、内科の開業医よりも費用がかかります。

テナント代に300〜500万円、床上げ配管や内外装に1000〜1500万円、医療機器に1300〜1500万円、広告費や開業時の材料費、事務機器や運転資金に1000万円は必要になるからです。都内で開業すれば、軽く4000〜5000万円はかかり、家賃も高額です。こんな状況でも新規に開業する歯科医師はいますが、増加を辿(たど)っていた新規開業者数も17年には1720となり、廃業数の1739を初めて下回りました。

「憧れの職業」からの転落

かつて、「結婚するならお医者さん」だったのに歯科医だけが脱落です。儲かっている一部の歯科医を除き、多くの歯科医は莫大な借金を背負うリスキーな職業になりました。

自由診療で儲けるしかない

そのため、歯科医は初診のレントゲンで「親知らず」を発見したら、歯周病や虫歯でなくとも速攻で抜歯の提案をします。30分程度で抜けば1万500円の収入になるからです。普通の抜歯だと1本1300～4700円の報酬ですが、埋伏歯（まいふくし）は点数が高いからです。また、インプラントをやりたがる歯科医も激増しました。インプラントは自由診療なので、歯科医が手術費を自由に決められます。1本で35～50万円で手術を行う歯科医が一般的ですが、原価が1本1～5万円程度なので非常に儲かるからなのです。

ただし、1本9～12万円などと激安料金を掲げ、患者を集める歯科医もいます。何だかんだと追加料金で価格を吊り上げる悪徳リフォーム業者のような歯科医なのです。

ちなみに、2017年厚労省の「医療経済実態調査」によれば、一般の病院の勤務医の平均年収は1488万円で開業医は2748万円です。しかし、病院勤務の歯科医は621万円で開業した歯科医は1188万円です。同じ医者でもかなりの差があります。

厚労省の責任も重大

かつて、政治家へのヤミ献金や迂回（うかい）政治献金で逮捕者まで出し、政界を賑わせた日歯連

図：歯科医院数の推移

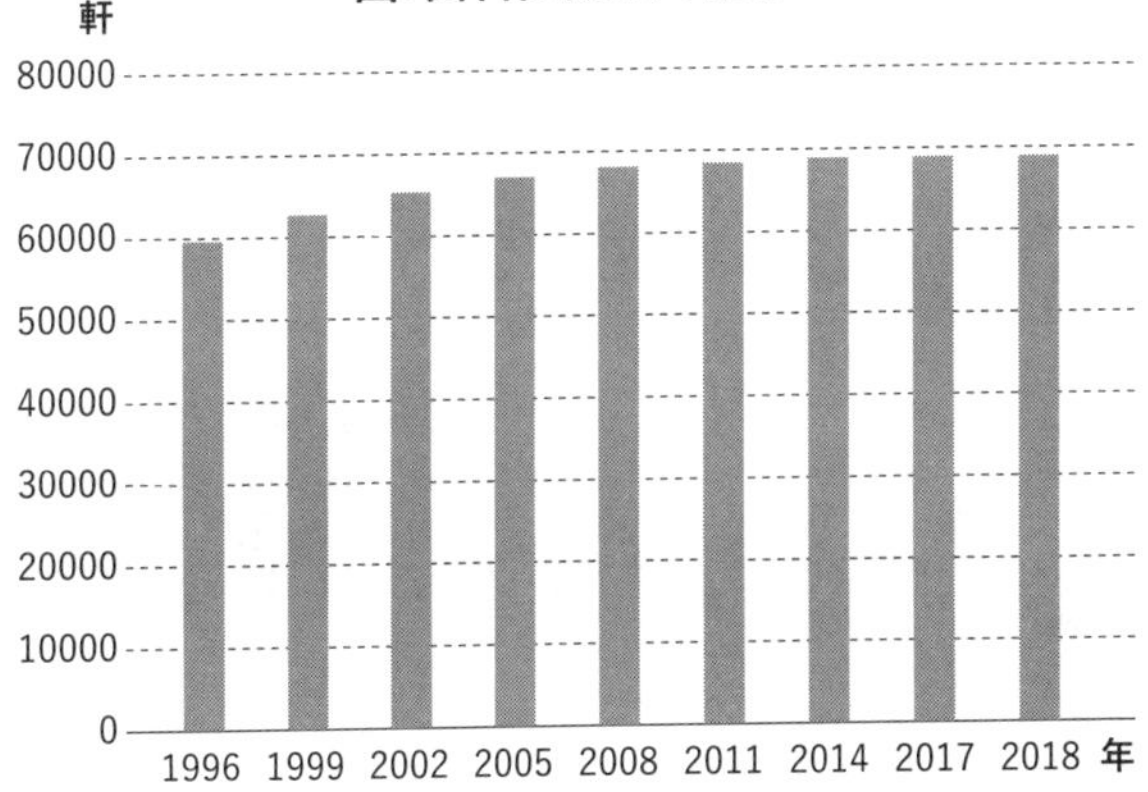

出所：厚生労働省「医療施設調査」

事件というのがありました。２００４年の春に発覚した事件で、歯科の診療報酬をアップさせるのが目的だった日本歯科医師連盟の幹部たちの悪あがきでした。

２０１４年には、東京都北区の歯科開業医（56歳）が歯科器材の購入費用など1億円の借金を歯科衛生士の妻（51歳）に知られ、「自殺して保険金で返せ」と迫られて自殺する事件もありました。

妻は自殺教唆で一時逮捕されましたが、書類送検で済み、1億７０００万円の保険金を得ています。「夜逃げ」や「自殺」も珍しくなくなったのが歯科医師の世界なのです。厚労省の杜撰な政策による歯科医師乱造の罪は大きいのです。

8——なぜ「犬の散歩」で年収1千万円を稼げるのか？

高齢化で「犬の散歩」が困難に

ペットとして飼われる犬は、2008年の1310万頭をピークに、近年は減少傾向が続き、19年には880万頭まで減っています（一般社団法人ペットフード協会）。

猫の飼育頭数は978万頭で、こちらは微増を続けています。犬より猫のほうが手間がかからないという理由が、猫を飼う人の増加をもたらしているようです。

実際、猫は、外に放し飼いにすると事故や病気のリスクが高いので、家の外に出さない「完全室内飼い」の飼い主さんも多いからです。1カ月当たりの支出総額（医療費含む）でも、犬が1万1500円程度かかるのに対して、猫は7500円程度で済みます。

一方、犬は散歩が大好きです。散歩が出来ないとストレスを溜め込みます。散歩を怠るると運動不足による肥満や糖尿病、循環器疾患のリスクもあり、ストレスによる皮膚炎や脱毛、無駄吠えや噛み付きなどの暴走行為につながることもあるといいます。

自分の体の一部を、しつこく舐めたり、噛んだりするのは、典型的なストレスサインといわれています。

ところで、犬の平均寿命は14歳前後ですが、飼い主の高齢化が先に進み、体調が悪化すると、飼い主が散歩する頻度が落ち、散歩に連れ出せなくなる事態も生じます。

飼い主にとっては、飼い犬は我が子のようなものです。そんな飼い犬が散歩に行けないことでのストレス症状を見てとれば、不憫（ふびん）に思うのは当然のことといえるでしょう。

全国紙で紹介されて反響を呼ぶ

そんなニーズを汲（く）み取り、「犬の散歩代行業」というビジネスモデルが登場したのが、バブル崩壊後の90年代半ばのことです。当時、化粧品会社に勤める50代の会社員が脱サラ起業して始めたのです。

珍しい商売なので全国紙でも紹介されますが、すでに年収1000万円を確立した個人事業であり、「緩いつながりでの横展開のフランチャイズ」という連帯にも驚かされました。「フランチャイズは孤独な仕事ゆえ仲間を募るほうが心強いこと」がその理由でした。今や「ペットシッター」「ペット保育園」などの名称で、犬以外にも幅広い業務を行う会社が登場しましたが、リスクも少ないので個人事業で始めることがおすすめなのです。

時間単価が高いのが儲かる理由

今ではさまざまなサービス業者によるペットサービスが生まれ、料金形態もさまざまです。ただし、いずれも料金体系は高めなのです。

90年代に「犬の散歩代行業」が登場した頃から、1回30分2キロの散歩で3500円という価格設定だったからです。さらに、飼い主宅までの出張費も距離に応じて、500円、1000円と加算されていました。今では、事故や怪我に備えるアニマル保険に別途加入してもらうことが条件になっているサービスもあります。

稀に、車のクラクションに驚いた犬がリードを引きちぎって暴走し行方不明になったり、交通事故に遭うなどの不慮の事故が懸念されるからです。

現在では、小型犬で1回30分2キロで2300円、中型犬以上が2500円などと、昔に比べて安くなっていますが、1回1時間3000円から1日散歩コースで2万円まで、料金体系はさまざまバリエーションがあります。

こうしたサービスを利用する顧客は、もともと富裕層が多いのです。ゆえにこのような高単価でも十分なニーズが見込めるのです。飼い主が海外旅行中に飼い主宅に朝晩通い、散歩だけでなく、餌やりや水換えなどを追加で行うサービスまであります。

宣伝・営業活動も犬の散歩代行中に、犬のいそうな家の郵便受けにチラシをポスティングするだけでスタートできる事業です。開業に必要なものはチラシ作成代だけなのです。

ニューヨーク市の「ドッグウォーカー」は年収2000万円

早朝の4時頃から、飼い主宅へ自転車やバイクで向かい、1回30分2500円の散歩を行い、次々と飼い主宅を回っていくのが、このサービスの中心業務です。

1日11頭ずつこなしていけば、1日2万7500円、1カ月で82万5000円になります。これで年収は990万円になり、ほぼ1000万円を達成できるわけです。

自分の健康にもよい仕事で、同業者と横の連携を取っておけば、休みも確保できます。家族総出で、手分けして行うことができるのも、このビジネスのよいところです。犬のしつけやドッグトレーニング技術を付加すれば、サービス料金も上げられます。

富裕層の「困った」を解消して喜ばれるのが、この「犬の散歩代行業」なのです。

ニューヨーク市の「ドッグウォーカー」と呼ばれる人たちは、個人で年収2000万円も稼いでいます。富裕層の多い地域ほど稼げるビジネスなのです。1日4頭ずつでも、1カ月で30万円稼げます。

9——なぜ「公証人」は年収3千万円も稼げるのか?

横柄な態度の公証人が多い理由

検事や裁判官は63歳や65歳の定年退官後、弁護士に転じても、顧客もいないのでろくに稼げませんが、公証役場の「公証人」になれば、70歳の定年まで荒稼ぎできます。大都市の公証人なら年収3000万円程度の収入で、事務員給与や事務所経費を払い、へき地の公証人へのギルド的な助成金を差し引いても年収2000万円は下りません。現役の検事や裁判官が、退官後に公証人に任命されるために、必死の境地になるゆえんです。

公証人の仕事は、主に公正証書を認証することです。公正証書とは、法務大臣任命の公証人が作成・認証する文書で、高い証明力と執行力のある文書とされます。たとえば、金銭債務に強制執行認諾条項を入れれば、裁判なしで差し押さえなどの強制執行が行えます。

公証人の仕事がオイシイといわれるのは、司法書士や弁護士があらかじめ作ってきた文書を熟練の事務員にまとめさせ、それに目を通して、署名捺印するだけだからです。

たとえば、「10分5万円の荒稼ぎ」と揶揄(やゆ)される法人の定款(ていかん)認証(直接もしくはテレビ電話で面談）などはすぐに片付き、年間１０００万円程度の収入になります（年間約10万件）。

他にも契約書の公正証書の認証や、公正証書遺言認証で稼げます。時間のかかる仕事はあまりなく一日中暇を持て余しています。予約制なので、気分が乗らなければ、横柄に仕事は先延ばしし、平日ゴルフに興じたりできる気楽な稼業です。

１９９６年から98年にかけては、東京の公証人10人が総額５０００万円の遊興費を経費に紛れ込ませ、追徴課税を受けています。順法精神のない公証人続出で、これが元裁判官や元検察官なのかと訝（いぶか）りたくなります。こんな公証人がいる公証役場が、全国に約３００カ所、公証人は約５００名弱います。身分は準公務員扱いながら、前述の通り不可解なことに「独立採算制」なのです。

銭ゲバの悪徳認証がはびこる

そのため、手数料稼ぎの悪徳認証が、これまでも「野放し」で数多く行われてきました。

たとえば、現在は「本人確認」がないと禁止されましたが、商工金融業者が融資先に、公正証書作成認諾の委任状を書かせ、無期限契約や根保証額を膨らませたりした契約書を公正証書としてばんばん認証し、破産者を続出させたこともあるほどなのです。

「公正証書遺言」という有力なシノギが増加

日本公証人連合会の発表によれば、２０１９年の公正証書遺言は11万３１３７件です。これは07年の１・５倍にものぼる数で、公証人の有力なシノギが増えています。公証人１人当たりの平均件数は、約２３０件です。定款認証と同じぐらいの数です。

遺言には、自筆証書遺言、秘密証書遺言、公正証書遺言と３通りあります。

２０２０年７月からは、自筆証書遺言を法務局で預かる制度も始まりましたが、以前は公正証書遺言以外は、紛失、盗難、第三者による改竄(かいざん)などのリスクがありました。

その点、公正証書遺言は、公証役場で原本を原則20年間保管します。しかも、法的に有効な内容となるので、相続発生時に明確で強力な遺言となっています。

「相続」は「争族」とも呼ばれ、相続評価額が少ないほど揉める傾向も高いというほどです。そこで、司法書士事務所や法律事務所は、近年「争族」にならないためにも、公正証書遺言を作ることを勧(すす)めています。とてもオイシイ商売になるからです。

不正な公正証書遺言を堂々と捏造(ねつぞう)

ところで、「寝たきり・認知症・口がきけず意思表示もできない」被相続人を、兄弟姉妹のうちの誰か一人が家で面倒を見ているケースで、その一人が遺産を丸取りする事例が発生しています。兄弟姉妹には一定の法定遺留分がありますが、その金額さえも生前贈与したからゼロとする公正証書遺言を作る事例があるのです。当然ですが、被相続人の死亡後にこんな公正証書遺言が出てきたら兄弟姉妹は紛糾します。他の兄弟姉妹が調停や裁判で「認知症で口もきけないのに、こんな公正証書遺言は無効だ」と訴えるケースなのですが、裁判で争っても「無効」が認められるケースはほとんどありません。

司法書士や弁護士は、「公証人の認証が出鱈目（でたらめ）」ということを心得ています。本来、民法969条の公正証書遺言作成要件の一つは「遺言者が遺言の趣旨を公証人に口授（くじゅ）すること」となっていますが、口授がなくても被相続人の家まで出張し、被相続人の枕元で、読み聞かせるだけでも公正証書遺言は認証されているからです。

しかも1999年の法改正で、口が利けない遺言者でも通訳人を置けばよくなりました。司法書士や弁護士は、事務所から証人として2人の事務員を従え、密室に公証人を呼び、司法書士や弁護士が遺産丸取りの相続割合を記した内容で認証してもらうだけなのです。本人確認も印鑑証明だけなので、過去には替え玉での公正証書遺言が作られた事例もあるほどです。罪作りで杜撰（ずさん）な公証人制度は廃止すべきです。

10――なぜ日本のタバコは欧米と比べて安いのか？

少しずつ値上げする日本政府の戦略

ＪＴ（日本たばこ産業）による全国喫煙者率調査によれば、成人男性の喫煙率はピーク時の１９６６年の83・7％から56ポイント下がって、２０１８年には27・8％に減りました。成人女性の18年の喫煙率は、ピーク時66年の18％から半分以下の８・７％に減りました。

タバコは健康に害がある――というのが世界常識となって喫煙者が減っています。

受動喫煙も健康増進法で厳しく規制されるようになっています。タバコを吸える場所がなくなる一方で、喫煙者は肩身が狭くなるばかりです。それだけではありません。タバコの値段もじりじり上げられます。ＪＴの代表的銘柄のメビウス（旧マイルドセブン）も、２０１８年10月に一箱20本入４４０円が４８０円になり、２０１９年10月には４９０円に値上げ、そして、さらに２０２０年10月には５４０円になります。

昔は２５０円程度だったのが、この20年で2倍に跳ね上がりました。

じつは各種の調査で、喫煙者がタバコを止める理由として挙げたのは、「自分の健康が心配だから」よりも、圧倒的に「タバコが値上がりしたから」が多かったのです。

そのため、日本の財務省はタバコの値段を小幅の値上げにとどめています。禁煙者が激増して税収が減ったら困るからです。国民の健康よりも税収を優先しているのです。

先進国はどんどん値上げしてきた

標準的なタバコ1箱の値段は、先進国を中心にどんどん上がってきました。

オーストラリアでは2166円、ニュージーランドでは1951円、アイルランドでは1437円、ノルウェーでは1417円、イギリス1327円、アイスランド1208円、カナダ1140円、シンガポール1100円、イスラエル1082円、フランス943円、スイス921円、フィンランド、848円、オランダ825円、香港810円、アメリカ807円、ベルギー778円、ドイツ754円などとなっています（1ドル110円換算）。

2018年のデータですが、これらの国々では、喫煙率もフランスとイスラエルを除き、日本よりも低くなっています。諸外国のタバコの価格推移を見ていれば、日本はじりじりとまだ値上げする余地が大いにある――と財務省はほくそ笑んでいるはずです。

タバコ農家もタバコ屋も激減

ちなみに、国内の葉タバコ農家も激減しています。法律でＪＴが葉タバコを全量買い取る義務があり、葉タバコ農家の経営は比較的安定していましたが、高齢化の波で廃業する農家が増え、ＪＴが国内調達する葉タバコはわずか3分の1であとは輸入に頼っています。一方でタバコ屋さんも次々消えました。タバコは専売制で一定商圏内での自販機設置で高額の儲けも出せたものの（小売り利益は10％）、近年は売上が減少したからです。

喫煙者は高額納税の貢献者

そもそもタバコは重税商品です。国タバコ税、地方タバコ税、タバコ特別税、消費税と4種類の税金がかかっています。これら4種の税金の合計だけでも価格の61・8％になり、一箱５４０円のメビウスの場合、３３３・９７円が税金です。

２０１９年度の税収で見ても、国タバコ税が８８９０億円、地方タバコ税が1兆１７４億円、タバコ特別税が１２６０億円、消費税が約１０００億円で合計約2兆１０００億円です。

これほどの重税商品は他にありません。たとえばビールには48・4％、ウィスキーは

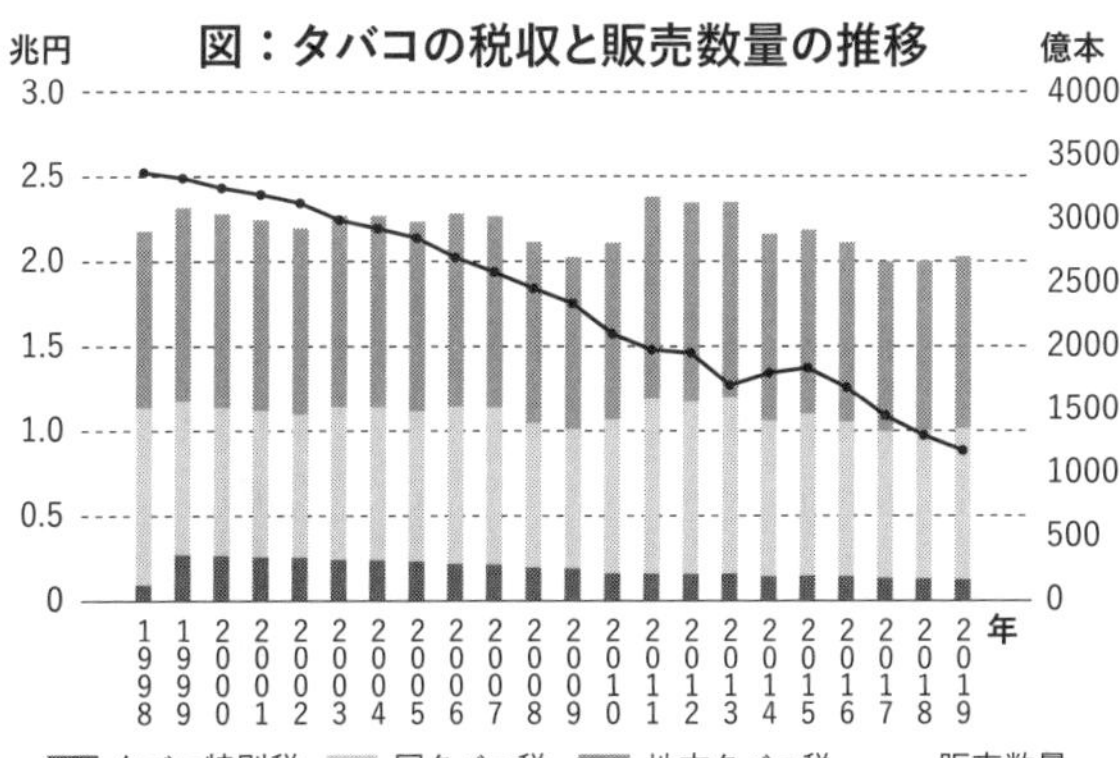

（備考）1. 紙巻きタバコの販売数量は日本たばこ協会調べによる販売実績。
2. 国タバコ税、タバコ特別税は財務省、地方タバコ税は総務省データ。
※2018、2019年度は予算ベース。

28・6％、ガソリンは47・3％、灯油でも12％程度です。半分以上が税金というのは、やりすぎの感は否めません。

２０１８年度の国の税収額64兆２２４１億円に占める税収は、国タバコ税と消費税で９８６１億円ですから１・５％も占め、地方自治体にも１兆１７４億円もの貢献です。

１日１箱吸う人は、３３３・９７円×３６５日で年間12万１８９９円、１日２箱吸う人は年間24万３７９８円も、所得税や住民税の他に余分に納税しています。

こうして見ると、喫煙者とは、多額の税金を払っている人たちなのです。

もう少し、世間は愛煙家に優しくなってあげたほうがよいでしょう。

11――なぜ学歴が高いと金持ちになりにくいのか？

富裕層は１億円以上の純金融資産を保有する人たち

野村総合研究所が、２０１８年に発表したレポートによれば、純金融資産の額で富裕層と呼べる１億円以上の保有世帯は１２６万７０００世帯でした。日本の総世帯数が４８８５万ですから２・５％に相当します。つまり約40世帯に１世帯が、富裕層ということになります。さらにこのうち5億円以上の超富裕層は８・４万世帯で、約５８０世帯に１世帯が超富裕層なのです。ところで、金持ちになる方法にはどんなケースがあるのでしょうか。

①金持ちの親から高額の遺産を受け継ぐ。
②金持ちの子息や令嬢と結婚して、裕福な一族に加わる。
③外資系金融エリートのような超高給の仕事に就いて蓄財に励む。
④サラリーマンの本業以外に、効率のよい副業に励んで蓄財する。
⑤株や不動産などの投資に成功して富裕層に連なる。

⑥起業に成功して富裕層に連なる。
⑦スポーツや芸能、エンタメ作品などの特殊技能で才能を発揮して富裕層に連なる。
⑧画期的な発明で、特許収入を得て富裕層に連なる。

ざっと見てみても、どれも簡単そうではありません。はっきりしているのは、ふつうのサラリーマンの場合で富裕層の仲間に入るのは、なかなか難しいということです。夫婦で公務員になり、世帯年収１０００万円以上を稼ぐパワーカップルならば定年退職の頃、世帯で1億円ぐらいの金融資産を築くのも夢ではないかもしれません。

サラリーマンは給与の手取りが少ない

ところで、サラリーマンの生涯収入は大卒男性の平均値で2億５０００万円といわれますが、これはあくまで平均です。年収の順に並べた中央値で見た場合は、２億円前後となるでしょう。ここから税金や社会保障費を払えば手取りは1億４０００~５０００万円と減ります。これで生活費を賄うことを考えると、余剰分が少なく蓄財はとても難しいでしょう。

高学歴のパラドックス

２０１８年の国税庁の民間給与実態統計調査では、正規雇用の男性の平均年収は５６０万円、女性は３８６万円です。非正規だと男性が２３６万円、女性が１５４万円です。やはり、サラリーマンのままでは、一生富裕層の仲間入りはできそうもないのです。

昔の高度成長期のサラリーマンは安定していました。そのため、よい学校を出て、一流大企業に就職し、年齢とともに収入も上がる年功序列システムが機能しました。

しかし、昨今はリストラばやりで、大企業のサラリーマンでも安定していません。

ここに「高学歴パラドックス」があるのです。

高学歴の人が集まるのが一流大企業です。

そこで、高いポストに向けて椅子取りゲームを強いられます。脇目も振らずにラットレースに参加させられ、身も心もヘトヘトです。

学歴が高いことで、かえって前述した金持ちになるためのケースからは、最も遠い環境へと置かれることになるわけです。個人の自由時間まで会社に侵食されていくのでは、金持ちになるための計画や投資のための自由な時間が取れません。

大企業で競争を強いられていたら、株や不動産といった投資行動には縁遠くなります。

投資には、経験値を高めるための試行錯誤が必要だからです。

人生には「個人の自由時間」が大事

ところで、学歴が低ければ年収も低いでしょうが、会社に縛られない生き方も模索できます。今は大企業にしがみつけば安定していた時代と違いますから、高学歴より低学歴のほうが中小企業あたりで働き、機動的に行動できるチャンスがあります。こうして考えてみると、金持ちになる道を必死で模索する時間や情熱が、サラリーマンにとってはとても大事なこととなるのです。金持ちになるのに必要なのは学歴よりも情報収集の時間です。

富裕層の人には高学歴の人もいますが、低学歴の人のほうが圧倒的に多いのです。

高学歴で有名大企業に入って人生をすり減らすより、いかにして蓄財するかを四六時中考え、いろいろな経験値を高め、効率のよい投資こそが金持ちへの道になるからです。

もはや、大企業にしがみついていても、生涯安泰の時代ではありません。

「個人の自由時間」を存分に生かし、広く情報を集め、投資の勉強をすべきでしょう。

引退時期の65歳ぐらいになった時、1億円ぐらいの純金融資産を保有するには、大企業でのラットレースは無意味なのです。人生が儚(はかな)いものになってしまうからです。

12──なぜ探偵は個人情報保護法に反しないのか？

「個人情報」と「プライバシー」の意味の混同

「個人情報保護法」は、高度情報通信化社会の進展に伴い、2003年5月に公布され、05年4月から民間への全面施行、さらに17年5月30日より5000人以下の個人情報を取り扱う小規模事業者も含め、すべての企業が対象となりました。

ところで「個人情報」と「プライバシー」が混同して使われることが少なくありません。個人情報は、氏名、生年月日、住所などの個人を識別できる情報のことで、プライバシーは、個人の私生活や家庭内の私事や秘密が守られる権利のことです。

後者は明確な条文規定はありませんが、憲法13条の「個人の尊重」や民法709条の「不法行為責任」に関連する権利として確立されています。封筒の宛名や住所が個人情報で、中身に書かれた手紙の内容がプライバシーといえばわかりやすいでしょうか。

勘違いしている人が多いのですが、「個人情報保護法」の目的はプライバシーを守ることではなく、企業や団体による個人情報の取り扱いに関する規定なのです。

ですから、この項目の本来のタイトルは「なぜプライバシー保護の義務があるのに探偵調査業が存在するのか？」のほうが、ふさわしいともいえます。

昔は違法行為のオンパレード

世の中には、探偵調査業という業種がありますが、なぜ、こんな胡散臭いビジネスが許されるのでしょうか。探偵調査会社のＨＰを開くと、「浮気調査」「素行調査」「身元調査」「家出人捜索調査」「いじめ調査」「ストーカー調査」など、プライバシーを暴く業務が平気で掲載されています。

しかし、昔は違法行為のオンパレードの業界でしたが、現在では06年に「探偵業の業務の適正化に関する法律（探偵業法）」が公布され、07年6月からは警察署経由で公安委員会への届出制となり、存在そのものが合法化されています。

探偵調査の内容は、たしかにプライバシーの侵害行為とも取れますが、その内容を依頼者以外の第三者に公開した場合に限り、プライバシーの侵害になると解されています。

勝手に他人の敷地内に入っての「尾行・張込み・聞き込み」などは違法です。他人の郵便受けの中身を調べるのも違法ですが、違法にならない合法調査ならば許されるのです。

「個人情報保護法」の「利用目的の通知」に抵触？

じつは、「個人情報保護法」の条文には、個人情報を取得する際には、利用目的の範囲や取得についての個人の同意が必要になります。これは、当然ながら探偵調査業にも該当しますが、「利用目的の通知」は行われているのでしょうか。

たとえば、お客から調査の依頼を受けた際、その都度探偵がいちいち被調査人に対して、「これからあなたの身辺や経歴をいろいろ調べさせていただきます」などと通知するのは無理があります。非調査人に、これから調べることを気づかれたら、探偵調査そのものが成り立たなくなるからです。

そこで、警察庁生活安全局が、２００５年4月からの「個人情報保護法」の全面施行を前に、04年2月の段階で救済措置を発動したのでした。

「興信所業者が講ずべき個人情報保護のための措置の特例に関する指針」というもので、これによって探偵業者は「利用目的の通知」を行わなくてもよくなったのでした。

警察庁の「お墨付き」が必要だった探偵調査業界！

「利用目的の通知」をしなくてもよい――という救済の条件や理由は、次の通りです。

■「対象者が、依頼者の配偶者（婚姻の届け出のない事実婚を含む）で、民法752条の義務その他法令上の義務の履行確保に必要な調査の時」という条件によって「浮気調査」が可能になりました。

■「対象者が、依頼者の親権に服する子で、民法820条の権利その他法令上の権利、義務の履行に必要な調査の時」という条件で、「家出人捜索調査」「いじめ調査」も行えます。

■「対象者が依頼者の法律行為の相手方で法律行為の判断に必要な調査の時」という条件で、「素行調査」「結婚調査」「身元調査」「経歴調査」「信用調査」「家出人捜索調査」など、あらかたの調査が可能になります。

■「依頼者が犯罪その他不正な行為の被害を受け、被害防止に必要な調査の時」という条件で、「ストーカー調査」「素行調査」「犯罪調査」が行えるようになりました。

こうして、警察庁のお墨付きを得て、探偵調査業は、晴れて従来通りの業務を続けられるようになったのです。

第2章

商品価格のカラクリ

1――なぜ人は商品の価格に翻弄されるのか？

価格が人に与える影響は？

それぞれの商品には、価格弾力性というものがあります。価格弾力性とは、価格の変動によって需要や供給が変化する度合いを示し、その数値によって価格弾力性が大きいか小さいかを判断します。

たとえば、３００円の商品価格を３３０円に10％値上げすると、今まで５００個売れていた商品が５％減って、４７５個しか売れなくなったとします。10％値上げして、需要が５％減少したので、「0.05÷0.1」で０・５となります。基準値の１を下回っているので、価格弾力性は小さいことになります。

米や野菜、日用品などは生活必需品なので、価格が上がっても、それほど需要は減らず、価格弾力性は小さいのです。しかし、不動産や宝飾品、贅沢品などは、値上がりすると需要も大きく減るので価格弾力性が大きいといいます。

価格は、所得とも大きな関係があります。

所得が増えると、宝石や毛皮、不動産などの需要は増えます。こうしたモノを「上級財」と呼び、所得が上昇しても需要が増えない石鹸（せっけん）や歯ブラシ、タオルやトイレットペーパーなど日用品は需要も一定ゆえに減少しません。これらは「中立財」と呼ばれます。所得の増加で、かえって需要が減少してしまう発泡酒や焼酎、モヤシなどは「下級財」と呼ばれます。

このように価格はさまざまな影響を人々に与えています。

心理効果もはたらく

認知バイアスによって、商品の価格が安いと感じてしまう現象に、イチキュッパ（１９８０円）などの「端数効果」がよく知られています。２０００円とあるより、１９８０円の表示のほうが、１０００円台というだけで安いと感じます。

「松竹梅効果」も有名です。寿司屋さんで、松３０００円、竹２０００円、梅１０００円だと、真ん中の竹が一番売れます。松は高いけれど、期待外れだったら困るし、贅沢に感じ、一番下の梅だとチープにも思え、真ん中の竹が中庸ゆえに安心感を抱かせるのです。

一番売りたい商品には、上と下の価格の商品を一緒に並べておくとよいわけです。

「2着目千円セール」は利益率が高い

格安紳士服チェーンでおなじみの「2着目千円セール」は、「抱き合わせトリック」と呼ばれる効果的な手法です。1着を激安価格で売るよりも、2着目購入の時に激安価格を提示したほうが、お客は必ず2着購入してくれて、売上も利益もともにアップするからです。

1着3万円のスーツを購入し、2着目が1000円で購入できるなら、合計価格は3万1000円となり、1着平均は1万5500円となります。

1着を1万5500円で売るよりも、価格を3万円台にしておけば、売上がアップします。スーツの仕入れ値が1着5000円だと、1着を1万5500円で売っても粗利は1万500円にしかなりませんが、2着を3万1000円で売れば、粗利は2万1000円になるわけです。

スーツの販売は、カジュアル衣料の販売と異なり、お客への接客が必要です。生地や柄を選定し、お客の体型を採寸しなければなりません。手間と時間がかかります。

ゆえに、粗利を多く確保するために、「2着目千円セール」で販売価格を合計で上げる仕組みになっています。粗利が少ないと販売効率が悪くなるので、格安紳士服チェーンでは、初めから2着買わせる形が理にかなっているのです。

スーパーでの「アンカーリング効果」

スーパーでは、時々冷凍食品が半額になります。５のつく日とか、０のつく日などと決めて、定期的に行われます。こういう時には、お客も冷凍食品コーナーに群がり、まとめ買いします。「半額！」というインパクトが大きいために、これを目当てにスーパーに出かける人も少なくないでしょう。しかし、これは「おとり商法」に他なりません。

半額の価格こそが、メーカーの希望小売価格といってよいからです。

いつもは５００円で並べられた冷凍チャーハンが、２５０円になれば安いと思います。いつもの５００円の価格が「アンカー（船の錨）」として記憶されるために、２５０円の半額がものすごいインパクトを与えてくれます。この商法は「不当景品類及び不当表示防止法」を逆手に取っています。実際に通常の５００円の価格で売り出している期間が長くないと、「半額！」と打ち出すことができません。一度も通常価格で売ることがなければ、「半額！」が嘘になるからです。厳密には、半額セール表示以前の８週間内に、半分以上の期間（4週間）において、通常価格で売られた実績がないとＮＧなのです。

2――なぜコロコロ変わる価格が増えたのか？

スマホ時代にマッチした合理的な仕組み

近年よく耳にするＤＰ（ダイナミックプライシング）とは「変動料金制」のことです。

デジタル以前のアナログ時代でも、ホテルや旅館などの宿泊業、航空チケットなどは、価格が変動していました。早割なら安く、盆休みなどの繁忙期は高くなりました。この仕組みで最も効率よく、売上と利益の最大化を図っていました。昔は家電量販店でも、「他店より価格が高ければお知らせください。他店より安くします」などというアナログ表示で、地域最安値店を標榜（ひょうぼう）すべくお客の囲い込みを行っていました。

ビッグデータの活用やＡＩが進化した今日では、状況が様変わりしました。

今ではスマホユーザーのアプリ利用が普及して、さまざまな商品やサービスでＤＰが導入され、頻繁に価格変動が起きています。

家電量販店でも、すでに電子値札で「地域最安値」の変動価格が瞬時に表示されます。

Ｊリーグやプロ野球、コンサートのチケットなどもＤＰ時代になっています。導入が難しいと思われた飲食店でも、導入の動きがあるのです。

従来は、熟練した人間が経験と勘で需要の予測をして、価格の上下変動をしていたのが、今ではウェブサイトのデータを自動抽出するＷｅｂスクレイピングで行い、ＡＩも活用して変動価格の最適解が予測できるようになったからです。売上の伸びが悪ければ、すかさず値下げして需要を喚起し、需要が強ければ価格を上げる。そして、いまひとつ売上が伸びなければ、また下げるという具合に、臨機応変に価格を変えていくのがＤＰです。

一見スマホ時代にふさわしい需要と供給を巧みに反映させた仕掛けに見えます。

しかし、消費者にとって、最も価格が安い時に利用できるというメリットはあるものの、このＤＰの仕掛けには大きな落とし穴もあります。

消費者との「利益相反」が起こりやすい

価格が高い時、あるホテルを初めて利用したお客が、その満足度が高額料金に見合わないと感じたらどうでしょう。

お客は悪印象を抱き、二度とそのホテルを利用しなくなります。まして常連客だったら、高額料金という不誠実な態度に怒りを禁じえないはずです。

顧客満足度向上に成功した事例

DPは企業にとっては有益なシステムでも、扱い方が悪いと、顧客離れを起こしやすい仕組みでもあるのです。とりわけ、価格が高い時の消費者対応が重要です。

標準価格より高い価格を提示する際は、標準価格から著しく高くしないことが大事なのです。ほどほどの上限価格を設定しないと企業側もダメージを受けてしまうのです。

成功例に挙げられるのが、USJ(ユニバーサル・スタジオ・ジャパン)のDP導入でしょう。

USJは、2019年1月から、チケット価格を変動制にしました。そして、2019年1月10日から1月末まで「1デイ・スタジオ・パス(12歳以上の税込大人料金)」を、前日までの7900円から7400円に500円値下げしました。お正月明けで入場者が減ると読んでの需要喚起のためでした。

しかし、2月1日からは8200円にアップさせ、春休み期間の3月下旬は、さらに8700円に、そして4月上旬は8200円に下げ、4月9日からは7400円に下げています。子どもたちの休みに合わせて値上げしたり、平日には値下げしたのです。

しかも価格は、最高値が8700円で、中間値が8200円、最安値が7400円の3

段階に限定しています。

最高値でも最安値より1300円高くしただけなので、ホテルなどの宿泊料金の上下幅と比較すれば控え目な価格差にしているのです。

この結果、見事に繁忙期の混雑緩和と閑散期の集客アップに成功したわけですから、DPはうまく使いさえすれば、かえって顧客満足度を高めるともいえます。

AIに任せきりだと、とんでもなく高い価格を提示することがあるので、あらかじめ、良心的な価格設定になるよう人間が誘導していけば、イメージダウンや顧客離れのデメリットも避けられる例です。

米国での成功事例

米国ではライドシェアのウーバー・テクノロジーズが、DPを参入当初から導入していますが、ドライバーが手にする収入が料金の80%なので、料金が跳ね上がった地域に向けてドライバーを駆け付けさせて需要を緩和させ、顧客満足度向上に寄与させています。

また、米国の食品スーパーで電子値札を導入し、適宜閉店時刻前に賞味期限の近い食品類の値下げを行うと、廃棄処分の食品ロスが3割も減ったという例もあります。

3——なぜサブスクが急増しているのか?

消費者にとって魅力的なシステム

サブスク(サブスクリプション)とは「定額制」です。毎月決まった料金を払えば、一定のサービスが受けられます。携帯電話の定額制はすでにおなじみでしょう。

近年、サブスクはさまざまな商品やサービスに及んでいます。モノの所有から、シェアリングエコノミーへの移行が確実に進んでいるからです。

動画配信のネットフリックスは、コロナ禍の巣ごもりの中、世界で爆発的に会員数を伸ばしています。また、音楽配信では、6000万曲が聴き放題のアップルミュージックや5000万曲のスポティファイ、6500万曲のアマゾンミュージック・アンリミテッドなどがすでに有名でいずれも月額980円です。雑誌が450誌以上読み放題のdマガジンは月額400円、楽天マガジンは月額380円です。ネット環境向上の賜物(たまもの)です。

モノの分野でもサブスクが広がっています。たとえば、買えば30万円以上する高級ブランドバッグを月額6800円でレンタルできるラクサスや、洋服のサブスクでは、アパレルメーカーが始めた月額5800円で自社製の新品の服を3点まで借り放題にしたメチャカリ（60日間借りれば所有も可）や、月額6800円でプロのスタイリストが選んだ3着の服が届くエアークローゼットなどが女性に大人気です。

驚かされるのは、2019年にトヨタが始めた「KINT（キント）」というサブスクです。車が売れなくなると危惧されるのに、ランクルが月額約9万円から、プリウスが月額約5万円から利用できます。しかも料金は保険料や税金、メンテナンス費用込みです。

モノのサブスクは会員数が伸びても厳しい

消費者にとっては、いろいろな選択肢が増えると利便性が向上しますが、こうしたサービスの提供で、企業側は儲けを出すことが可能でしょうか。

メーカーが行う場合は、会員に一定利用してもらったあとに中古で販売することで黒字にすることも可能です。しかし、レンタルの定額制で、他社からの仕入れを伴う場合は在庫がかさみ厳しいのです。実際、2015年スタートのエアークローゼットは、2020年3月期までずっと赤字が続いています。一方、服が売れなくなると心配されたメチャカリは3年で黒字化しています。

ラーメンチェーンや喫茶店でもサブスク

首都圏中心のラーメンチェーンの野郎ラーメンは、２０１７年から、月額８６００円で、３種類のラーメン（豚骨野郎８３０円・味噌野郎９３０円・汁無し野郎８３０円）から１日１杯食べられるサブスクを始めています。これは、月に10日通うだけで、ほぼ元が取れてしまう驚愕のサブスクサービスです。

東京・西新宿などにあるスタンド喫茶のコーヒーマフィアは、月額３０００円で、一杯３００円のコーヒーが来店１回につき１杯飲めるというサブスクを行っています。また、名古屋駅地下街にある喫茶店のベルズカフェ・メイチカ店は、月額３５００円で一杯３８０円のコーヒーや一杯４３０円の紅茶が飲み放題というから驚きです。

他にも居酒屋の飲み放題サブスクなども広がっています。これらはいずれも、赤字覚悟での展開と思われますが、そこにはどのような狙いがあるのでしょうか。

サブスクのリスクとメリットは？

第一に挙げられるのは、お客の囲い込みです。近隣の競合店対策にもなるからです。一定の会員数に絞れば、赤字の額も抑えられます。

サブスクの会員になるのは、常連のファン層です。常連が毎月定額を払ってくれれば、月初から安定的な売上が確保できます。飲食店は月初から月末に向けて売上を積み上げていくので、月初で月全体の売上が見通せます。

そして、サブスク客はよく通ってくれるので、繁盛店を演出できます。行列ができれば、広告費をかけずに店の宣伝ができるのです。さらに、サブスク客は、友人知人を伴って来店してくれることも期待できます。

また、飲食店での飲み放題サブスクは、他のフードメニューの売上にもつながります。こうしてみると、サブスクには、赤字リスクはあるものの、意外なメリットも見出せるのです。

ただし、肝心なのは、商品自体に魅力がないと、サブスク客を本当に満足させることはできなくなります。

サブスク客の来店頻度は確実に上がりますから、それを切り口にした他にも魅力的な商品やサービスを展開していかなければならないのです。

サブスクとは、顧客への「餌付け（えづけ）」に他なりません。せっかく会員になってもらっても、「もうあの店飽きちゃった」となると、虻蜂（あぶはち）取らずに終わってしまうのです。

4──なぜ「生命保険商品」は無駄の塊なのか?

「相互扶助」の精神が反映されない「金集め商品」

生命保険文化センターが3年ごとに行っている調査(2018年度)によれば、生命保険の世帯加入率は88・7%、世帯の年間払込保険料は38・2万円(月間3万1833円)になっています。住宅ローンに次ぐ大きな出費なのです。

日本人の生命保険好きが見て取れますが、ピーク時の1997年には世帯平均で67万円も払い込んでいたのですから驚かされます。日本の生命保険料は、欧米諸国と比べても割高ですが、マスメディアはスポンサータブーなので、そんな記事は掲載しません。唯一、毎日新聞が2001年8月5日付記事で、欧米の同内容の生保と比べて2~3倍も保険料が高いことを報じた例があるくらいです。

テレビやネットには保険の広告が垂れ流されていますが、こうした高額の広告費や人件費(生保社員の給与、販売外務員・販売代理店などへの手数料)のほうに、加入者がせっせと払い込んだ保険料の多くが流されます。そして、肝心の加入者が万一の時の保障分はわずかです。どれだけの方がこのことを認識されているでしょうか。

つまり、保険は、加入者の万一の時の安心を守るための「相互扶助」のはずが、日本では企業の金儲けのために利用される「騙しの商品」になっているわけです。

大手生保では保険料の6割強が利益とコストで消える

たとえば、30歳男性の保険期間10年で死亡保険金3000万円の大手生保の月額保険料は7000円前後ですが、加入者の万一の保障に回される「純保険料」の比率は、35・2%程度しかありません。残りの64・8%が「付加保険料」と呼ばれる保険会社の利益とコストに消えるのです。

ネット生保での同内容の保険なら月額保険料は3200円前後ですが、それでも「純保険料」に相当するのは77%ぐらいにすぎません。「付加保険料」が残りの23%にもなります。ネットのほうがまだましな保障といえますが、それでも2割以上がコストで消えています。日本の生命保険は、「相互扶助」が反映された商品とは到底いえないのです。

保険会社は、営利を目的とする限り、加入者とは「利益相反」の関係になる他ないからです。

「利益相反」の生命保険業界の悪辣手口の数々

保険商品の「利益相反」のよい例が、保険会社の加入者への保険金不払い事例です。保険加入時にはさまざまな特約を付けるよう販売側は勧めますが、２００１年から２０10年までの10年間で、金融庁が把握した保険金の不払い事例は１１６万件、総額は１１３７億円にも上りました。保険会社は管理体制がアバウトで、「加入者から特約の請求がなかったので、保険金の支払いを見逃した」などとトンデモナイ言い訳をしたものです。

こうした悪辣な体質は、医療保険の契約においても見られます。「脳卒中で倒れても、医師の診断後60日以上にわたって言語障害などの後遺症が続かなければ保険金の支給は対象外」などとなっているのです。

そもそも医療保険など日本では必要ありません。日本の健康保険制度には「高額療養費制度」があり、どんなに高額の医療費がかかっても、平均的な所得の人でも10万円以内の医療費負担になるよう、後から健保組合が医療費を補塡してくれるからです。

近年では「保険の見直しサービス」などと宣伝する代理店もありますが、手数料の一番高い生命保険を勧め、当初2年間保険料の40～50％もの手数料バックを得ています。

なかには、２年間で保険料額の１００％バックの高額手数料稼ぎもあり、２年ごとに保険を解約させ、新規加入させる手口まであります。手数料は３年目から下がるからです。

都道府県民共済の「生命共済」が最強の保険

こうした生命保険に入るぐらいなら、保険ではありませんが「共済」に加入したほうが最強のコスパになります。たとえば生命保険の「純保険料」に相当する還元率が97・１２％もあるのが、共済の草分けの「埼玉県民共済」です。事業費がたったの２・８８％なので驚きです。県民の２・５人に１人が加入しています。このうち共済給付金（51・５４％）を支払った後の余剰分として、割戻金が45・５８％もあります。

つまり、毎月の掛け金の半分近い金額が加入者に戻されます。ちなみに入院から死亡までの幅広い保障をしてくれる「医療・生命共済」の場合なら、毎月の掛け金２０００円コースでも半分近くが戻るので毎月実質１０００円程度の掛け金です。これで事故や病気での入院は１日目から１２０日まで１日８０００円、入院中の手術は5万円、外来での手術は1万円、不慮の事故による重度障害は１０００万円、病気による重度障害は４００万円、不慮の事故による死亡が１０００万円、病気による死亡が４００万円です（15～60歳の場合）。掛け金４０００円コースならこれら保証が2倍になります。

5──なぜ医療費や医薬品代は高騰し続けるのか？

次々と高額な医薬品が健康保険の適用対象に

近年、高額な医薬品が次々と注目を浴びています。２０１４年保険適用になった「オプジーボ」は、皮膚がんのメラノーマ（悪性黒色腫）の治療薬でしたが、薬価は１００ミリグラム約73万円です。この薬は一定期間ごとに点滴を行いますが、体重60キロの成人男性が1年間使用で３５００万円になるといいます。３年間治療すれば、１億円を超えます。ただし、この治療薬は、従来の抗がん剤とは作用がまったく異なる画期的な新薬です。

２０１８年にノーベル生理学・医学賞を受賞した京都大学高等研究院副院長・特別教授の本庶佑（ほんじょたすく）氏が、免疫チェックポイント疎外薬の仕組みを解明したことで実用化されました。がん細胞は、自分を攻撃してくる免疫細胞の力を弱める能力をもちますが、このがん細胞の能力をあらかじめ封じてしまうのが、この薬の特長だったのです。

当初、これだけの薬価が認められたのは、メラノーマの患者数が５００人程度しかいないのに、巨額の開発費を回収するべく保険適用したため高額になりました。その後、オプジーボは翌年に肺がんにも効果があるとして保険適用され、現在では7つのがんに保険適用されたため、薬価も4分の1に下がりました。それでも、オプジーボを開発した小野薬品工業は、オプジーボのおかげで業績は2倍、オプジーボだけで累計5000億円以上を稼いでいます。小野薬品工業は、特許使用料が安すぎたとして開発者の本庶氏から提訴され争うまでに至っています。

ところで、このあとにも次々と高額な新薬が保険適用されていきました。

薬価基準収載時の1患者当たりの価格を見ても、C型肝炎では2015年5月にソバルディが約520万円、同じく8月のハーボニーが約670万円、脊髄損傷では2019年2月のステミラックが約1500万円、急性白血病では2019年5月のキムリアが3350万円、脊髄性筋萎縮症では2020年5月のゾルゲンソマが1億6700万円です。

このままいけば国民皆保険制度が崩壊の危機に

高額な医薬品を使った場合でも健保組合の「高額療養費制度」があり、患者負担はわずかです。しかし、医療費は高齢化で伸び続け、2019年度の医療費は43兆円のうち約2割が薬剤費です。高額な医薬品が次々適用されると健康保険制度はもたなくなります。

本当の開発費は不透明

一般に製薬メーカーが薬局で販売する薬は、価格を自由に決められます。しかし、保険適用では薬価が国によって決められる公定価格になっています。製薬メーカーは、新薬の性能や希望する薬価の根拠、予測投与患者数などを厚労省に申請し、厚労省で審査され、薬価基準収載リストに載ることで薬価として認められます。

しかし、製薬メーカーの新薬開発にかかった費用は、ベールに包まれています。企業秘密の壁に遮（さえぎ）られ、本当の費用は、闇の中といわれるからです。

「薬価差益」の確保に動く医者もいる

医療費のうち、薬価を下げるのは、医療費抑制のためにも必須の課題です。近年は、医薬分業が進み、院内処方する病院は減っています。しかし3割の病院では続けられます。なぜでしょうか。医薬品は公定価格が、健保組合に請求されますが、製薬メーカーは、自社の医薬品を最低でも10%以上も値引きしているといわれます。病院の差益を大きくして自社のブランド薬品を購入して使ってもらいたいからです。このため、ジェネリック医薬品の普及も疎外される構図があるのです。

病院も製薬メーカーや調剤薬局と結託し、医学会も製薬メーカーと癒着しています。

２０００年と比べ、調剤薬局の売上は2倍以上です。医者と結託した調剤薬局が不要な薬をどんどん売るのです。臨床で研究開発に協力する医者や、論文で自社の医薬品の効果を推奨してくれる医者には、たんまり原稿料などの名目で謝礼をはずみます。こうした製薬メーカーのばら撒(ま)く資金も、医薬品価格が下がらない原因の一つなのです。

医学会も薬局もＷＨＯ（世界保健機関）も製薬メーカーもずぶずぶ結託

医学会と結託した製薬メーカーのマジックには「病気の基準値を変える」という手法もあります。高血圧症、糖尿病、高脂血症という3大生活習慣病の基準値は、次々改訂され厳しくなりました。昔は高血圧の基準は「年齢＋90」といわれていたものの、93年にＷＨＯと国際高血圧学会が結託し、「１４０・９０」を打ち出し、80年代に２００万人程度の日本の高血圧患者は７５０万人になります。近年改訂し、元に戻しましたが、２０００年に日本高血圧学会が「１３０・８５」を打ち出すと、一気に２６７０万人にまで膨らみました。医者も薬局も製薬メーカーも笑いが止まりません。高血圧症の医療費だけで2兆円を超え、うち９０００億円が薬剤費なのです。

6——なぜ原価激安の化粧品が高額で販売できるのか？

高額品イコール高級品で「よく効く！」という幻想の賜物

化粧品の原価は激安です。これは業界のマル秘常識です。500円のクリームも3万円のクリームも中身に大した違いはありません。原材料費はいずれも十数円にすぎず、おしゃれな容器代や箱代のほうが100円以上したりします。けれども、500円のクリームよりも、3万円のクリームをありがたがって「このほうが絶対効果がある」と信じて買う人が大勢いる商品なのです。化粧品は医薬品と異なり、「効能効果が謳えない」のに、消費者が勝手に高額な商品のほうが「お肌にいいから」と信じてくれるのです。業界が長年培ってきた「幻想」がこれほど消費者に浸透している商品はありません。

たとえば、スキンケアのための基礎化粧品の原料は大半が、ただの水と油です。水と油を混ぜ合わせるための合成界面活性剤の他、色素、香料、防腐剤が入り、さらに特殊成分をほんのわずかに入れたとしても、十数円でできてしまいます。

美容整形外科などでは、シワやたるみの解消にヒアルロン酸注射1cc（1g）を5万円などと称してボロ儲けしていますが、ヒアルロン酸は、1ccで6リットルもの保水効果があり、1ccで50円程度の価格にすぎません。0・1ccを化粧品に加えただけでもしっとり感が抜群になり、原料費はたったの5円です。

基礎化粧品の原料費は、化粧水が1～2円、乳液が2～3円、クリームが5～10円ぐらいです。メイクアップ化粧品も口紅が5～10円、ファンデーションが15～20円程度です。激安でできてしまうのです。それが数千円や数万円で売れてしまうのですから、ものすごくオイシイ業界といえるのです。ゆえに参入企業が後を絶ちません。

しかし、激甚（げきじん）な競争が繰り広げられているのが化粧品業界なのです。

上位5社でシェア8割を占める

2019年の化粧品業界の市場規模は約2兆6000億円ですが、資生堂、花王、コーセー、ポーラ・オルビスHD、マンダムの上位5社で、何と8割近いシェアを占めます。

残りを中小・零細の数百社が競い合う構造です。業態としては、制度品メーカー・一般品メーカー・通販メーカー・訪販メーカー・100円ショップ専業メーカーなどがひしめき合っています。

参入障壁の低い業界

化粧品の原価は激安ですが、莫大な広告宣伝費をつぎ込まないと売れない商品です。つまり「売るためのコスト」が宣伝費以外にも多くかかります。

ただし、化粧品業界では、大手以外はファブレス化（工場をもたずに外部に製造委託）が進んでいます。外注で原材料仕入れ、乳化、練り加工、香料付け、容器、パッケージ作りまでやってくれる専業メーカーが数百社以上ひしめいているからです。

そのため、化粧品メーカーといっても、製造設備がいらないので参入障壁は低いのです。販売ルートさえ確立できれば、零細・中小メーカーでもなんとか成り立ちます。

ゆえに、ほんのちょっぴりしか配合していなくても、独自の特殊成分配合を謳ったり、商品の由来をストーリー仕立てで宣伝します。一定数のファンが付いてくれさえすれば、零細・中小企業でも生き残れる業界なのです。

多くの女性が化粧品を使いトラブルに見舞われる

メイクアップなどの化粧をするのは、女性が大半です。女性はなぜ化粧をするのでしょうか。それには諸説あります。

動物の場合、メスを引き寄せるためにオスのほうの外見が派手ですが、人間は女性が男性を引き寄せるために、化粧で外見を磨くようになったという説。また、江戸時代までは、男性でもお歯黒や白粉（おしろい）を施す化粧が見られたものの、明治に入っての富国強兵策で、男性は兵役などの社会的強さを示す価値観が重視されるようになり、男性の化粧が自然に廃（すた）れたという説。

さらには、欧米女性は自然体重視ゆえに化粧をしない人も多いものの、日本女性は身だしなみを整えるのが社交儀礼になっているという説など。いろいろありますが、日本では「すっぴんで人前に出るのは恥ずかしい」という女性が多いのはたしかでしょう。

それゆえ、国民生活センターに寄せられるスキントラブルに悩む女性の数は年々増えています。コロナ禍でマスクを装着するようになってからは、肌トラブルも深刻です。

内容物については、２００１年の薬事法改正で「該当指定成分表示」から「全成分表示」に変わっていますが、素人にはどれが化学物質で、どれが天然成分かもわかりません。しかし、ネットで検索すれば、危ないと思われる成分には、ある程度の見当はつきます。

できるだけ安全といわれる成分の入った化粧品を使うほうが、安心です。

7―なぜ福袋のリスクは受け入れられるのか？

日本人は福袋好きが多い

年始の初売りシーズンには、百貨店や専門店などで、「福袋」が売られます。

日本人には馴染みの光景ですが、この福袋は庶民に根強い人気があり、行列に並んでも買えなかった――という経験をした人もいることでしょう。そうしたケースも想定されるだけに、よけい福袋を買いたい――という思いを強くさせるのかもしれません。

日本人が、福袋に魅力を感じる一番の理由は「福袋自体の価格よりも中身の品物が高額だから」ということが刷り込まれているからに他なりません（アンカリング効果）。

「5000円の福袋を買ったら、2万円分の商品が入っていた」という喜びが期待できるからこそでしょうが、消費者に「おトク」と思わせ、とにかく購入を促進させる巧みな価格戦略になっています。しかし、欲しいものが入っていなかった時のがっかり感も半端ないのです。そのため、近年では、「中身の見える福袋」というのも登場して人気です。

何が入っているかが、わかったうえで買える福袋なら、「おトク」感も抜群だからです。

　このように、一見消費者にとって「おトク」ともいえる福袋ですが、はたして本当に「おトク」な構造になっているのでしょうか。

福袋はオトクな商品ではない

　5000円の福袋の中身の商品が、2万円分の商品だったとしても、消費者にとっては1万5000円分トクしたとはいえません。2万円というのは商品の上代価格であって、真実の価値や価格ではないからです。「好きなブランドの商品であれば、何でも嬉しい」という人にとっては、コレクションが増えて喜ばしいかもしれませんが、福袋に詰められる商品には、売れ残りの在庫処分としての意味合いのほうが強く、廃棄処分予定品ならゼロ円です。本当に自慢できる人気の商品であるならば、福袋のように外から中身が見えない商品にしたりする必要がないからです。

　メーカーや販売側にとっては、商売の機会損失（品切れによる儲け損ない）を恐れ、常に多めに在庫を持っています。ゆえに過剰在庫のリスクを減らすべく、「セール」で売り捌（さば）く要領で、福袋に売れ残りを詰め込み、現金化するほうが合理的なのです。消費者にとっては、ひたすら浪費を促進されるメカニズムなのです。

高級ブランドにはたらく「ウェブレン効果」

消費者に「トクする」と思わせれば、一定のお客は食いついてくれるものです。

福袋戦略と似た商法に、アウトレットモール商法があります。高級ブランド品が安く買えて「トクする」と思うからこそ、ブランド好きの人たちは、少々不便な立地にあるアウトレットモールまで、観光バスやマイカーで出かけます。

高級ブランド品は、「高級品」だから「高額」という「アンカリング効果」がはたらきます。付加価値が高いからこそ、心理学の「ウェブレン効果」も期待できます。「高額で高級ブランド品を身に着けている私」という自己拡張心理が味わえ、高額品を所有している「見せびらかし」の優越感に浸(ひた)れ、自己顕示欲が満たされるからです。

そんな消費者の幻想に支えられているので、中古市場でも存在感が保てます。

こうした消費者の幻想を裏切らないためにも、都心の一等地にある高級ブランドショップでは、「安売りセール」などは一切行いません。高級ブランドの地位が揺らぐからです。ゆえに、ブランドショップが集積した不便な地でのアウトレットモールで、お得な価格で特別に販売して、消費者に「トクする」と思わせるのです。

コストパフォーマンスが決してよくない高級ブランド品

アウトレットモール業態が誕生したのは1980年代の米国です。初めはブランドメーカーの工場の一角で、訳アリ商品などを細々と売る形態からスタートし、次第にブランド品店舗を集積させた在庫処分の戦略拠点として発展させ、今ではアウトレットモール専用商品までも揃えて売っています。

しかし、高級ブランド品は、決してコスパのよい商品ではありません。

高級ブランド品とそっくりで、精巧に作られた偽物ブランド商品が、非常に安く売られているのを見かけます。本物ブランド品の5分の1や、10分の1の価格で、本物と見分けのつかない偽ブランド商品が売られているわけです。つまり、本物ブランド品の原価も、とても安いものであることが想像できます。

ゆえに高級ブランド品はアウトレットモールで、30％ＯＦＦ、70％ＯＦＦで売れるのです。高級ブランド品の原価も5％や15％くらいにすぎないからこそ成り立つ販売価格なのです。

原価さえ割らなければ、安く売っても商売が成り立つアウトレットモールは、非常に賢（かしこ）い在庫処分の現金化拠点といえます。

8――なぜ宝くじを買う人が多いのか？

「当たらない」ことも徐々に社会に浸透

宝くじ全体の売上額は、２００５年度に1兆１０４７億円のピークを描いて以降、減少傾向です。２０１７年度には過去最低の８０００億円割れも記録し、翌年に８０４６億円となって何とか持ち直しています。しかし、その後も減少傾向は続いています。宝くじの売上が減少しているのは、「当たらない」ことが世間の常識として、定着してきたことも背景にあります。そのため、派手なインパクト狙いで次々と当選金を引き上げ、15年の年末ジャンボ宝くじから最高賞金額は10億円（1等7億円と前後賞1億５０００万円）にまで引き上げています。

しかし、ジャンボ宝くじの売上減少傾向に未だ歯止めはかかっていません。

宝くじは、お手軽な価格で楽しめる「庶民の夢」ですが、1枚３００円のジャンボ宝くじの当選確率は１０００万分の1で、生涯のうち落雷で死亡する確率と同じだそうです。10枚３０００円分購入しても１００万分の1の当選確率です。お手軽な価格ですが、ものすごく当たらないことがよくわかります。しかし、宝くじは買っていないと絶対当たらないからと、これを100枚3万円分、300枚9万円分も買う人がいるので驚かされるのです。なぜ、こんなにも買う人が多いのかといえば、人間は合理的に行動しないからに他なりません。

人は不合理でも自分に都合よく考えて行動する

人は、次のような認知バイアスに支配されやすいからなのです。


「感情バイアス」…他人は当たらなくても自分だけは当たりそうに楽観的に考える。

「確証バイアス」…高額当選は10年以上買った人などの都合の良い都市伝説を信じる。

「正常性バイアス」…3時間ごとに高額の当選者と聞くと自分の行動も正常と考える。

「喪失不安バイアス」…毎回続けて買わないと過去の行動すべてが無駄になると思える。

「集団同調性バイアス」…多くの人が買うのを見ると自分にもチャンスがあると思える。

「正当化バイアス」…ツキある時は多く買い、ツキがない時はツキのある人に買わせる。

「アンカーバイアス」…運の悪い人が当たると、自分にもチャンスが巡るかもと考える。

宝くじ依存症に陥る人も少なくない

そして宝くじを買い、当選発表日まで、ワクワクしながら夢を見るわけです。当たったら、家を買おう、クルマを買おう、借金を返そう、海外旅行に出かけよう、会社を辞めよう、事業を起こそう……などなど、お金でできそうなことをあれこれ想像するのです。そして当選発表日に、「やっぱり当たらなかった」とがっかりするのです。

悔しい思いに、「まあ、宝くじに当たって不幸になる人も多いから、当たらなくてよかったのかも」などと自己正当化までしてしまいます。宝くじに大金を投じてしまった人ほど、これを繰り返しています。宝くじ依存症といってもよいでしょう。

今まで宝くじに投じてきた金額の多さを振り返ると、先に挙げた「喪失不安バイアス」に陥り、サンクコスト（埋没費用）の呪縛に捉（とら）われ、続けて買わずにいられなくなるのです。脱却するには、宝くじが「無駄の塊」であることを理解することが大事です。

「宝くじ」は最も効率の悪いギャンブルだった

２０１８年度の宝くじの売上８０４６億円のうち、当選金はたったの46・5％（３７４５億円）しかありません。残りの53・5％のうち、地方自治体などに38・2％（３０７１

図：宝くじ収益金・分配構造（2018年度）

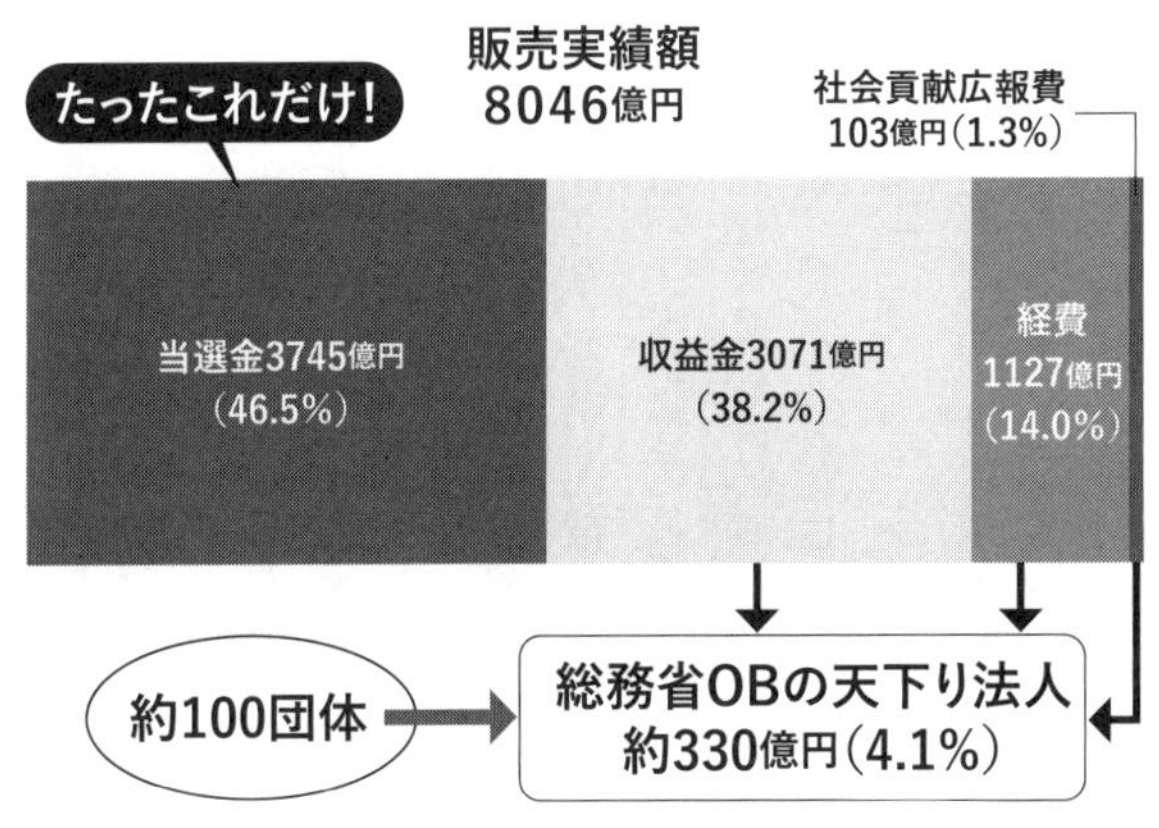

億円）が建前上分配されますが、そのうちの１割程度は総務省傘下の公益法人が１００団体近くもぶら下がっており、そこに総務省役人が天下（あまくだ）って高給をむさぼる構図になっています。

地方自治や社会貢献を謳っているものの、本当は総務省ＯＢの楽園が築かれているのです。

繰り返しますが、宝くじは、配当率がたったの46・5％しかないのです。

他の公営ギャンブルと比べると非常に見劣りします。

競馬も競輪も競艇もオートレースも約75％の配当率だからです。民営のパチンコは約87％です。騙されてはいけないのです。

9――なぜ葬儀の価格は下落してきたのか？

高齢化で「一般葬」のニーズが激減

２０１９年の死亡者数は１３８万人、出生者数は87万人でしたので、日本の人口は51万人減少しました。

少子高齢化の影響で死亡者数は、２０４０年ごろまで増えると見込まれますが、葬儀市場の約１兆８２００億円前後の規模の拡大は、ほとんど見込めない状況です。このところの葬祭市場は、１％程度の微増か微減を繰り返し横ばい傾向になっているからです。

死亡者数は増えていくのに、市場が伸びない構造になっています。

その理由は、追加費用なしの20～40万円程度の格安でできる「ファミリー葬（家族だけ参列）」が増えているからです。

また、従来型の「一般葬」が減ったのは、亡くなる人の高齢化も影響しています。

長寿での死亡だと、現役時代から退職して長い時間が経ち、葬儀を行っても参列する人がほとんど見込めません。従来型の一般葬を行う意味がなくなってきたのです。

新規参入する業者の中には格安「ファミリー葬」に特化した効率化で稼ぐ業者も少なくありません。競争激化で、従来型の葬儀業では儲からなくなってきたからです。

昔は利益率の高い「おいしい商売」だった

昔の葬儀は、何かにつけて追加料金を発生させて稼げる、とても儲かる商売でした。

通夜や葬儀での、棺桶や位牌、エンバーミング（死体消毒防腐処理）以外は、用具はほとんど使い回しです。花輪、祭壇、鯨幕（くじらまく）、受付セット、飾り具、霊柩車などは、修理して何度でも使えます。遺族から「もっと豪華に」という要請があれば、次々と追加料金発生です。通夜や葬儀だけでなく、葬儀会館の利用や、飲食や死体焼却でも稼げたのです。

通夜や葬儀一式で150〜250万円の売上が期待でき、原価は10％以内、死体を斡旋（あっせん）してくれる病院へのリベートを20％程度払っても70％が残ります。

粗利の大きな商売なので、従業員の給与も高止まりしていました。そんな不透明で儲かる業界に、激安業者が参入してきたのです。

流通大手のイオンの場合なら、遺体のお迎え、遺体安置、納棺儀式、お別れの儀式、火葬までで税別18万5000円からあるのです。

原価は激安の商売

葬儀というのは、もともと原価が安かったため、標準価格が下がってきたともいえます。たとえば棺桶は合板製で7000円～2万円程度、ドライアイスは2000～3000円、飾り具は2000円程度、仏衣は800円程度、骨壺と骨箱は5000円程度、花輪は1000円程度、花束が5000円～1万円、霊柩車のガソリン代が1000円ぐらいです。祭壇の原価は当初は15、16万円かかっていても、これも使い回しなので原価は2000円程度です。合計でも5、6万円にしかなりません。

原価は売上の10％にも満たず、あとは人件費と店舗や倉庫の家賃、営業経費や減価償却費なので、葬儀一式で150万から250万円の売上なら、とても儲かったのです。

葬儀社も、たいてい20人以下の少人数の家族経営が6割にも及びます。

これで、年間250～300件の葬儀を回すなら、ウハウハだったのです。

読経の料金までが劇的な価格破壊

こんなに儲かる業界なら、異業種に算入されるのも無理はないのです。

納棺や葬儀は専門職が行いますが、ネット時代に入ると、手の空いている業者を結びつ

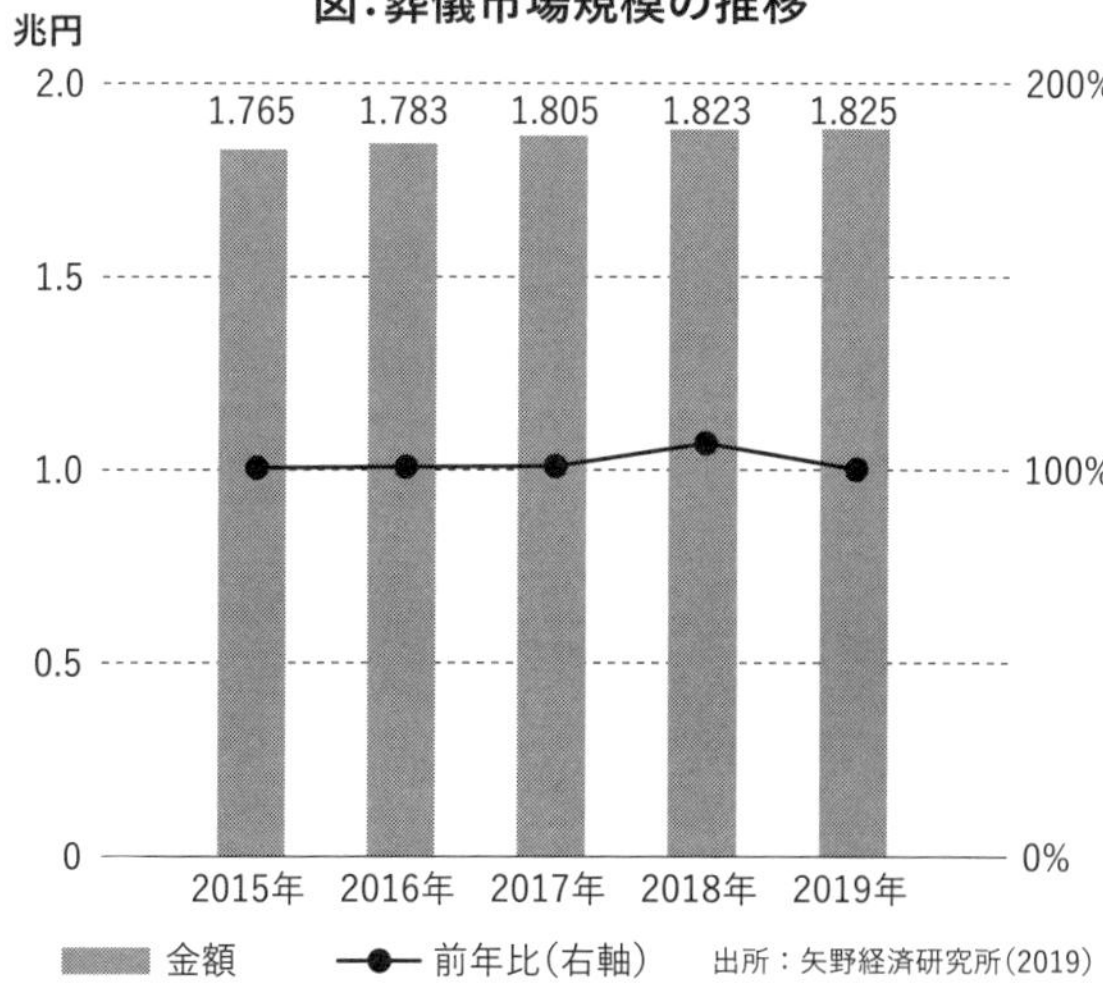

けてシェアできますから、ますます価格は安くなっていきます。

こうした格安葬儀のとばっちりを受けたのは、寺の僧侶も同様です。

これまでの一般葬なら、通夜から葬儀までの読経のお布施は、30～40万円稼げました。

ところが、ネットでの格安葬儀サイトが広がると、たちまち3～5万の紹介料にまで値下がりしています。

ネット社会の到来で、まさしく閉鎖的業界に風穴があいたのです。

死者を弔(とむら)う聖域の場までが、極めて合理的に通俗化したという構図です。

10――なぜプロパンは都市ガスより料金が高いのか？

プロパンガスは自由料金

２０１６年４月から電力の全面自由化（発電に続き小売り）がスタート、17年４月からは都市ガスの自由化（小売り）が始まりました。電力も都市ガスも市場の競争原理が働き、これまでよりも安く供給されています。しかし、都市ガスの導管が行き届いている地域の人には、都市ガス自由化のメリットもありますが、プロパンガス（ＬＰガス）利用地域の人には特別メリットはありません。驚くべきことに、日本全国で使われる家庭用ガスのうち、プロパンガス利用者は５割近くも占めています。都市ガス業者が全国に２００社あるのに対して、プロパンガス業者は１万８０００社もあるのです。

しかし、現時点でも、プロパンガス利用者は、都市ガス利用者よりも２～３倍も高い料金をぼったくられるケースが少なくありません。

まず第一に、プロパンガスの料金は、都市ガス料金のように公共料金（国から許可を受ける総括原価方式）でなく、自由料金のため、談合を繰り返し、価格が高止まりします。

都市ガスの主原料はＬＮＧ（液化天然ガス）で供給が幅広く、都市ガス会社は自前のタンカーで買い付け、製造・販売しますが、プロパンガスは供給が限定的で、原油価格に連動するものの、卸売りや小売り専業など段階があって高くなりがちです。

またプロパンガスは、ボンベに充塡し、人手を使って運ぶために高くなりがちなのです。さらに、アパートなどの賃貸住宅を建てる大家さんには、プロパンガスを導入してくれる条件として、導配管工事費用、給湯器費用（一部屋分で数十万円）、さらにはエアコン代までプレゼントします。これら費用の回収のため、入居者のガス料金に反映させるので、料金は高くなるのです。

戦国時代の到来か？

プロパンガス業界は、これまでは閉鎖的な談合体質で、縄張りを守って競争を避けてきましたが、近年では、従来型の閉鎖的体質の事業者と、顧客の奪い合いも行う競争タイプの事業者とに二分化されるようになっています。「保険の見直し」を謳う事業者を真似て「プロパンガス料金見直し」の団体を設立し、他の事業者の顧客を奪う先鋭的な事業者まで登場しています。ただし、アパートなどの入居者は事業者を勝手に変えられません。

円高・原油安のメリットが反映されない料金

本来ならば、円高と原油価格下落のメリットがプロパンガス料金に反映されなければならないはずが、プロパンガス業界では、固定料金制で消費者還元はされません。

しかも、悪質な業者には、いつのまにか勝手に料金をジリジリ上げていくという変動料金制の業者までいるから驚きです。都市ガスより2倍も3倍も高い料金が跋扈（ばっこ）するゆえんです。

標準的な家庭では、月間13立法メートル程度のプロパンガスを使用します。熱量が都市ガスの2倍なので、これを都市ガスで比べる時には26立法メートルになります。従量制料金の都市ガス（東京ガス）と某プロパンガス業者の料金差を見ておきましょう。

東京ガスの基本料が1056円なので、これに「単位料金130・46円×26立法メートル」を足せば4448円です。しかし、某プロパンガス業者の料金は基本料が2200円で、これに「単位料金900円×13立法メートル」を足すと1万3900円にもなるのです。ぼったくり料金です。

契約の時には「うちは基本料が1800円でも、単位料金が300円ですから、平均的ご家庭の13立方メートルでも5700円なので、良心的な価格です」などといいます。そ

■ 地域で違うプロパンガスの月別利用料金（税込）

北海道9,823円　関東7,312円　中部7,604円

※「石油情報センター」のデータに見る10㎥当たりの平均料金

■ 比較的安いとされる関東での料金比較

プロパンガス

	基本料金		利用料金				合計
悪徳プロパンガス会社	2200円	+	900円	×	13㎥	=	1万3900円
良心的プロパンガス会社	1800円	+	300円	×	13㎥	=	**5700円**

都市ガス

都市ガスの場合	1056円	+	130.46円	×	26㎥	=	**4448円**

※いずれも消費税（10%）込みの価格。
※プロパンガスの熱量は都市ガスの2倍で火力が強い。

れを勝手に単位料金を30円、50円と顧客が気づかないのをよいことに、ジリジリ上げていきます。こんな悪徳詐欺業者もいるので油断してはいけません。

プロパンガスの仕入れ原価は輸入元売り会社がコストとマージンを乗せて1立方メートル当たり200円ほどで販売しています。それを卸売り業者がタンクローリーで小売り業者に250円ほどで販売します。末端の小売りはこれを仕入れ、一般的には300〜450円で売る形です。

このような仕組みになっているため、卸売り業者が小売り業者も兼ねている場合は、プロパンガスの料金が良心的価格になりやすいのです。

11――なぜネットワークビジネスの商品は割高なのか？

ねずみ講に酷似した組織でも合法

ここで紹介するネットワークビジネスですが、ネットワークといっても、インターネット関連ではありません。いわゆるマルチ商法のことです。

発祥の米国ではＭＬＭ（マルチレベルマーケティング）と総称され、消費者が会員となり、重層的な販売組織を作るところが、ふつうのビジネスと異なります。簡単にいえば、「ネズミ講」に商品を介在させた仕組みです。ネズミ講は、１９７８年に「無限連鎖講の防止に関する法律」で禁止されましたが、マルチ商法は合法です。

ネズミ講の「講」とは、江戸時代からあった「講」という庶民の相互扶助を目的とした金銭組織を意味します。「無尽」や「頼母子講（たのもしこう）」が知られます。お金を毎月支出し、まとまった資金を順番に融通し合う仕組みです。

いっぽうネズミ講は、一般的な「講」とは異なり、ネズミ算式にお金が増えていくことに由来します。ネズミ講は、出資したお金が増えて戻ってくるのは初期に参加した会員ぐらいです。スムーズに組織が広がらないために、やがて出資金は増えて戻ることなく、損をすることが多くなります。次々と参加者を募り、金銭配当組織を永続的に広げ続けることには土台無理があるからです。

一方で、マルチ商法は、ねずみ講と酷似した仕組みですが、3代か4代限りで商品売上が還元完結される仕組みです。この組織で販売を続けていれば利益は保たれます。

原価がわかりにくい付加価値の高い商品

マルチ商法の販売組織で売られる商品はいろいろあります。宝石、アクセサリー、化粧品、洗剤、浄水器、調理器具、美容家電、羽毛布団、日用雑貨、自動車用品、健康食品、健康器具——。消耗品に到るまで品目分野はさまざまですが、共通点があります。

原価が安く付加価値の高い商品です。安価な宝石やアクセサリーは加工で付加価値をつけますが、貴金属では無理です。家電品もテレビなどの競争商品は無理で、美容家電などの機能を差別化できる製品が使われます。要するに原価がわかりにくい商品を割高で販売するためです。なぜなら、付加価値が高くないと、組織の販売員に還元する分の利益が出てこないからです。

ネズミ講同様で簡単に組織は広がらない

左ページの図では、1台15万円の健康器具を例に説明していますが、ネットワークビジネスに介在させる商品は、十分に参加者がマージンを取れるものでないとうまくいかないことがわかります。マージンは、最初に自分が購入した時は、15万円での定価購入ゆえにゼロですが、次には自分が、その健康器具をAさん、Bさん、Cさんの3人に直接販売した時には、粗利の33％がもらえます。15万円×3台×33％で、マージン合計は14・85万円になるので、自分が最初に購入した時の15万円分をほぼ回収できます。

次には、Aさん、Bさん、Cさんの3人が、甲、乙、丙、丁、戊の5人に販売してくれたので、自分のところには15万円×5台×15％で、マージン合計は11・25万円になります。さらに甲、乙、丁、戊の4人が全部で6台売ってくれたので、15万円×6台×7％で、マージン合計は6・3万円が還元されます。つまり最初に3台売って、15万円の出資分の元を取り、その後の合計で17・55万円が儲けられたことになります。

これがネットワークビジネスの仕組みです。不労所得が得られるので億万長者になれるなどとアピールして仲間に誘いますが簡単には売れず、資格保持のために在庫を抱え、借金地獄に陥る人も多いのが実情です。

図：ネットワークビジネスの儲けの仕組み

ネットワークビジネスの市場規模

2018年売上：7987億円（「月刊ネットワークビジネス」2019年10月号より）
企業数：1300〜1500社（推定）

取扱商品の売上構成比

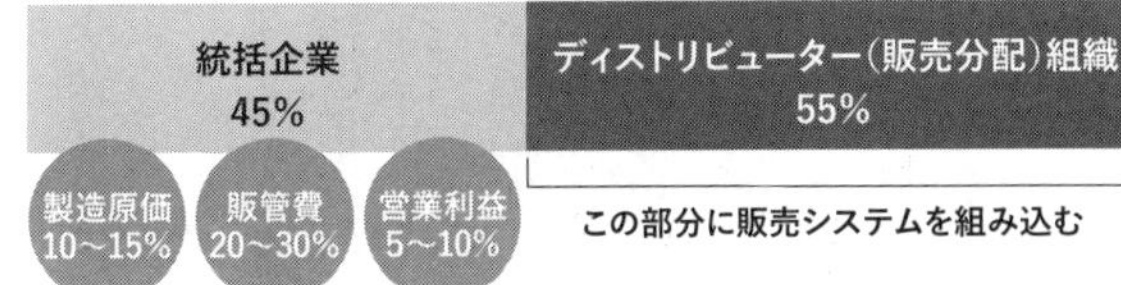

ネットワークビジネス（マルチ商法）の仕組み

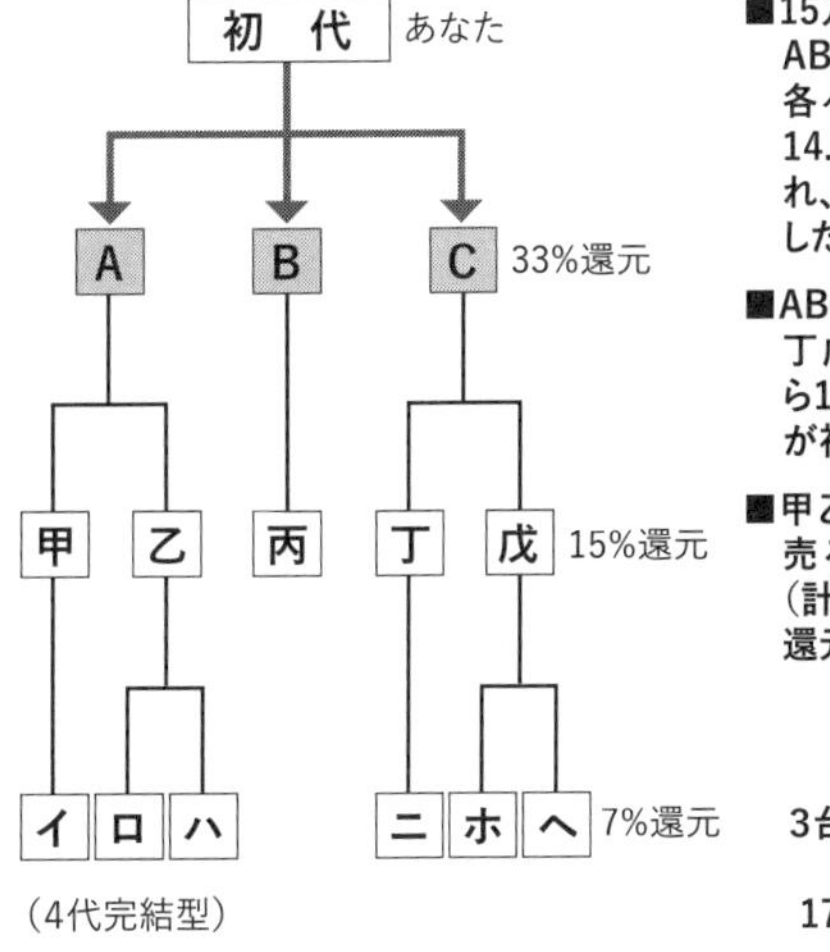

■15万円の健康器具をABCの３人に売ると、各々からその33%（計14.85万円）が還元され、自分が定価で購入した分の元が取れる。

■ABCの３人が甲乙丙丁戊に売ると、各々から15%（計11.25万円）が初代に還元される。

■甲乙丁戊の４人が６台売ると、各々から７%（計6.3万円）が初代に還元される。

つまり、最初に３台売って元を取り、その後さらに17.55万円儲かる。

12──なぜ金券ショップのビジネスが成り立つのか？

薄利多売の繁盛店であることが一番重要

金券ショップは古物営業法に基づく古物商です。古物商とは、中古品や新品を売買・交換する業者のことをいいます。この金券ショップがあるのは、人通りの多い駅近などの繁華街です。たいてい小さな店構えで、ひっきりなしに客が訪れています。

金券ショップは薄利多売です。1万円以下の商品が多いので、お客の回転率が商売の成否を握っています。各種の商品券、映画やコンサートの鑑賞券、新幹線チケットや航空券、米ドルやユーロなどの紙幣、切手や収入印紙、図書券、株主優待券などを扱います。

何しろ、新幹線チケットを88％で買い入れ、92％で販売する商売です。この場合、東京～新大阪間の「のぞみ」の料金では、粗利益はたったの5百数十円です。84円切手の百枚分のシートを93％で仕入れて、97％で売っても3百数十円です。仕入れと販売の差額が、3～4％分しかないので、こうなります。これでスタッフが2～3人もいて、商売が成り立つのでしょうか。傍(はた)から見ると、不思議な商売ですが、ビジネスモデルはどうなっているのでしょうか。

効率の良いビジネスモデル

金券ショップは、古着屋やリサイクルショップといった古物商の中でも、最も粗利益の少ない業種です。

たとえば、繁華街にある半端な小スペースを借りて、一日の売上が２００万円あれば、粗利が３％で１日当たりの収益が６万円、粗利が４％なら８万円の収益です。

１日６万円の収益でも、月に25日稼働すれば１５０万円になり、１日４万円の収益でも１００万円になります。ここから人件費と家賃を差し引いて、黒字であれば商売は成り立ちます。小さなスペースでも商売が成り立つのは、扱う商品がかさばらない金券類だからです。小ぶりのショーケースに並べればよいだけなのです。

仕入れのメインはお客からの買い取りですが、新幹線チケットなどは在庫不足なら「みどりの窓口」で自前でまとめ買いします。欠品が多いと、お客が寄り付かなくなるからです。また、金券ショップは横のつながりも強く、売れない金券類は互いに融通し合って処分します。

厳格なルールが支配する金券ショップ！

また、金券ショップを経営するには、それなりのノウハウが必要になります。まず、金券ショップにはお客が集中する時間帯があります。会社員の昼休憩となる時間帯と夕方は、ひっきりなしの混雑になります。

こんな時には、釣り銭ミスをしたり、買い取りミスが生じやすいのです。粗利が少ない商売ゆえに、こんなミスは致命的です。わずか数十秒で計算し、お金の処理をしなければなりません。

ここで盗品や偽造券などをつかまされたら大損害なのです。身分証を確認しても、身分証自体が偽造というケースもあり、油断できません。

もちろん、店の損害はスタッフ個人の自己責任という「暗黙の掟（おきて）」があるのも金券ショップ特有です。

不特定多数の客を相手にするだけに、スタッフが偽造券の換金客とつるむ危険性を排除するためです。ゆえにスタッフもミスなどしたら大変です。毎月の給与から損害賠償しなくてはならなくなります。

なお、金券ショップは盗品や偽造券の買い取り防止のために、組合加盟で情報交換も盛んです。警察とも常に連携しているので、金券ショップを騙すのは一筋縄ではいきません。怪しい客の行動は、直ちに警察へ通報されてしまいます。

裏金づくりや脱税のためにも利用されている

金券ショップは、裏金づくりや脱税にも利用されます。

たとえば、政治家に渡す裏金を作りたい時は、百貨店で贈答用チケットを大量購入して領収書をゲットし、あとで金券ショップで換金すればよいだけです。

カラ出張を演出するために、新幹線チケットや航空券を大量購入し、その後金券ショップで換金するのも、政務活動費に領収書が必要な地方議員や、会社経費を膨らませて赤字経営にし、脱税する経営者がよく使う手口です。

年賀はがきの販売ノルマのある郵便局員も、自爆営業で自腹購入し、金券ショップで換金するのは、もはや年末恒例の行事です。富裕層なども、大量にもらい、使いきれない株主優待券を換金するのに役立てています。

金券ショップは、ことほど左様に便利な存在なのです。海外旅行の際にも外貨の両替は、銀行や両替ショップで行うよりも、はるかに有利なレートになっています。

13――なぜペットボトル飲料が10円で買えるのか？

競争が激しく粗利も小さい

５００ミリのペットボトル飲料は、スーパーで１００円前後、コンビニでは１５０〜１６０円、自販機でも１２０〜１６０円です。ネットで30〜50本まとめ買いすれば、１本当たり50〜60円で買うこともできますが、ミネラル水ならともかく、同じ飲料のまとめ買いだと置き場所に困るし、味にも飽きるので敬遠する人も多いでしょう。

ペットボトル飲料は、スーパーやコンビニにとって商売の必需品ではあるものの、単価も安く、冷蔵ケースでの場所を取る商品で、沢山売らないと儲からない利幅の小さな商品にすぎません。しかし、利幅を取るには、小売価格を上げる他ありませんが、競争も激しいのでそう簡単ではないでしょう。

ゆえにメーカーは、独自のオリジナル商品を、これでもかというぐらい新規に開発し続けて生き残りに必死なのです。

激安自販機メーカーが登場

ところで、近年は街中の自販機で売られるペットボトルや缶入りの飲料価格が一律ではなくなってきています。競争が激しくなっていることが見て取れます。50円や100円といった格安表示の自販機も見かけるようになりました。1本10円などと謳った激安自販機まで登場しているのですから驚かされます。

いったい、どうしてこんなことが起きているのでしょうか。

そもそも自販機が設置されるのは、土地を所有する人が、自販機業者に自販機を置くことを許可するフルオペレーション方式が主流です。この場合、業者が自販機の設置から、商品の補充、売上金管理のすべてを行い、毎月の売上の20％を土地オーナーに支払います。電気代を払った残りが、土地オーナーの利益となります。

電気代は自販機の機能によってまちまちですが、旧式の自販機で4000〜6000円、節電式なら2000〜3000円です。電気代3000円なら、1600円の商品の20％がマージンなので、1日約3本売れれば電気代の元は取れます。1日20本売れる自販機だと、1日当たりのマージンが640円で1カ月1万9200円なので、電気代3000円を引いて1万6200円が土地オーナーの利益です。それほど儲からないのです。

卸業者は「賞味期限」との戦い

日本の飲料自販機業界はもはや飽和状態といわれています。

飲料自販機自体が増えるどころか、ピーク時の２０１３年に２６０万台規模だったのが、19年には２３７万台に減っています。内訳は、「ペットボトルや缶の清涼飲料自販機」が２１０万台、「牛乳などの紙パック自販機」が11万台、「コーヒーやココアなどのカップ式自販機」が14万台です。先に紹介した通り、１日に20本以上売れないと、大した収益にならないため、自販機設置をやめてしまう土地オーナーも少なくありません。ゆえに、生き残るために、自販機業界では競争が激しさを増しています。

そもそも、ペットボトル飲料や缶飲料の原価率は、18～25％程度です。飲料自体の原価が10～25円で、容器のペットボトル代が20円、缶が25円なので、中身の飲料よりも容器代のほうが高いのです。これを飲料メーカーは、人件費や物流費、広告宣伝費をかけて、卸業者に35～55円程度で仕入れてもらいます。

メーカーは1本5円ぐらいしか儲かりません。飲料メーカーは、自社の専用自販機で希望の価格で売ったほうが、はるかに儲かりますが、そういうわけにもいきません。利益が薄くても、小売りで大量消費してもらえないと、メーカーとして成り立たないからです。

そして、卸業者は、スーパーやコンビニといった小売に65～85円程度で卸しますが、賞味期限が６カ月を切った商品は、スーパーやコンビニが仕入れてくれなくなります。

また、卸業者は、スーパーやコンビニから在庫処分品を格安で引き取ることも行います。それゆえ、卸業者の中から、格安自販機を展開するところが生まれてきたのです。35～55円程度で仕入れた商品なので、格安自販機で80円から１００円で売っても利益は出せます。そして、賞味期限が３カ月を切った場合に50円としたり、１カ月を切ったら10円で損切り処分するのです。

廃棄するのもお金がかかるので、10円でも売れれば少しは回収できるわけです。

オリジナルのＰＢ商品も続々登場

格安自販機を展開する業者は、メーカー商品に頼るだけでなく、自らがメーカーとなり、オリジナルＰＢ飲料を製造し、自前の格安自販機で売ることも行うようになっています。そのほうが、儲かるからです。

自販機で飲料を買う消費者は、有名飲料でなくても、安くておいしい商品ならファンになり、リピーターになってくれるからです。

第3章

AIと仮想通貨のカラクリ

1――なぜキャッシュレス化が進まないのか？

良いこと尽くめのキャッシュレス化

キャッシュレス化とは、現金での決済を行わないようにすることです。

すでにキャッシュレス決済では、各種クレジットカードがお馴染みですし、Ｓｕｉｃａ（スイカ）やＷＡＯＮ（ワオン）、nanaco（ナナコ）などの電子マネーも知られます。比較的新しいのが、PayPay（ペイペイ）、楽天ペイ、LINE Pay（ラインペイ）などのＱＲコード決済のアプリです。

こうしたキャッシュレス化は、世の中全体が「ＩＴ社会」「ＡＩ社会」へ移行する過程で避けて通れない大きな経済の流れといえます。とりわけ政府が推進しようとしたのが、２０２０年に予定されていた東京オリ・パラでのインバウンド需要の取り込み対応でした。

キャッシュレス化が進んだ国からくる訪日客の中には、一切現金を持たずにキャッシュレス決済だけの人も少なくないからです。スマホだけを持って街を歩くので食事やショッピングの場面で、キャッシュレス化が進んでいなければ需要を取り逃がします。

導入店舗にとっても、面倒なレジ作業から解放され、店舗運営の効率化が進みます。

現金管理が少なくなるほど、従業員の負担も軽減されるからです。しかも、大きな買い物であれば、金額の決済にはキャッシュレス化が欠かせません。電子マネーやQRコードによる決済は、入金処理も速いため資金効率も悪くなりません。

コロナ禍では感染防止にも役立ち、まさしくキャッシュレス化は良いこと尽くめというわけなのです。

こうした理由から、政府も積極推進したわけですが、2019年から消費税率を10%にアップさせるにあたり、消費需要の減退を危惧した影響も大きいのです。9カ月間最大5%のポイント還元策でキャッシュレス決済を推進させ、景気後退を防ぐ狙いもありました。

これに乗じたPayPayが、19年末から始めた「100億円あげちゃうキャンペーン」も記憶に新しいでしょう。これでPayPayはQRコード決済トップになりました。

まだ現金決済が多い

こうした施策により、18年4月時点で、総額ベースで18%台だった日本のキャッシュレス決済比率も、20年初頭には30%近くになっています。政府は2025年の大阪万博までに、キャッシュレス決済比率40%台を目指すとしているのです。

ＩＴ化を進めないと日本の未来はない

政府がキャッシュレス化を推進する背景には、もう一つ大きな理由があります。日本の人口減少問題です。少子高齢化で生産年齢人口が減少しますから、あらゆる業務の効率化を図り、生産性を向上させていかないとＧＤＰが縮小してしまうからです。

とりわけ、現金取り扱いのコストは日本全体で膨大なものになっています。まずは、こうした部分から効率化を進めなければならないため、キャッシュレス化は生産性向上策の第一歩でもあるわけです。

たとえば、人口１３０万人、面積が日本の９分の１のエストニアは、今では世界一のＩＴ国家になっていますが、１９９１年にソ連から独立した頃は、非常に貧しい国でした。それが、国中でＩＴ化に取り組んだことで目覚ましい経済成長を遂げ、現在も安定的な成長を続けています。

この原動力が、国中のデジタル戦略のＩＴ化だったのです。スカイプを発明したのもこの国の企業ですし、スタートアップ企業が目白押しです。

エストニアでは、すでに行政サービスの99％が電子化されており、キャッシュレス社会です。他国の優秀なＩＴ技術者の誘致にも成功、わずか20数年で国家のデジタル化でとても豊かな国になっていたのです。日本も見習わないといけないでしょう。

なぜ日本ではキャッシュレス化が進まないのか？

日本のキャッシュレス化を阻むのは、次のような原因があるからといわれます。

「現金信仰が根強い」…………日本では偽札も出回らないし、現金が一番安心できる。
「ATMインフラが強い」………日本では銀行ATMが普及し、海外と違い現金引き出しがタダで行える。その便利さが仇（あだ）となった。
「デジタルの仕組みが複雑」……日本では早くから公衆電話や鉄道のプリペイドカード、公共料金の自動引き落としサービスなどが普及したが、その後もいろいろな仕組みのキャッシュレス化の波が訪れ、沢山のシステムがありすぎて混乱している。

原因はいろいろですが、日本のような便利な先進国よりも不便な途上国のほうが、ＩＴの先進化が一気に進みやすいのも事実です。日本は豊かさに長く溺れすぎたのです。

2――なぜ「○○ペイ」だらけになっているのか？

クレカと比べて「QRコード決済」は導入が容易

世間一般では、キャッシュレス決済では「○○ペイ」の利用が広がっている印象ですが、民間のアンケート調査を見ると、最も使われているのは、利用率が80％以上あるクレジットカードです。

とはいえ、前項でも紹介しましたが、QRコード決済トップのPayPayが、現状では40％近い利用率となって追い上げてきています。

ところで、街中では、依然としてクレジットカードが最も使われているものの、最近では次々と「○○ペイ」が増えているのはなぜなのでしょうか。

じつは、クレジットカードは、個々のカード会社と加盟店契約をするのに、書類申請で審査してもらわなければなりません。

そのうえ、加盟店になるために店舗側は初期費用がかかります。クレジットカードだけの読み取り機なら10万円程度、電子マネーにも対応する機種だと20万円もするのです。

おまけに、業種にもよりますが、個人経営規模の店がクレジットカード会社の加盟店になる場合だと手数料率が4~7%もかかるのです（百貨店や大手専門店の場合3%前後、コンビニなどは1%台）。

その点、「○○ペイ」の加盟店になる場合は、ほとんどの場合、加盟するにあたって費用や手間がほとんどかかりません。メールで申し込んで審査してもらい、1週間程度でQRコードが送られてくるため、店頭に提示してお客にスマートフォンで撮影してもらえば、すぐにでも利用開始となります。

PayPayの場合なら、2021年9月末まで決済システム手数料が無料です。しかも、QRコード決済事業者の決済システム手数料は、3%台と低く抑えられています。これぐらいの手数料率なら、個人経営の店舗でも導入しやすいわけです。

クレカの手数料率は高すぎる？

キャッシュレス化を推進したい政府は、クレジットカード会社の手数料率を下げるよう今後指導していく方針です。キャッシュレス決済業者同士の競い合いは、今後において、ますます激化することとなるでしょう。

「〇〇ペイ」だらけになった理由

街中の商店や飲食店で、「〇〇ペイ」だらけになってきたのは、導入が容易だったという理由だけではありません。

キャッシュレス決済での手数料を取られたくない事業者の存在があったからです。

たとえば、全国チェーンのスーパーやコンビニは、一大経済圏を有している事業体です。楽天などのＥＣサイトをいくつも運営する企業も同様です。仮に売上が１０００円で決済手数料が３％としたら、店の取り分は９７０円です。

売上が１０００億円なら、30億円も決済手数料になります。たった３％といっても、他のＱＲコード事業者にもっていかれるぐらいなら、自分のところでも、ＱＲコード事業を立ち上げたほうが「トクになる」と考えたのも自然でしょう。こうした事情から、「〇〇ペイ」が乱立することになったのです。しかし、こんな状況はいつまでも続かないはずです。何しろ、乱立する「〇〇ペイ」事業者のほとんどが赤字だからです。

スーパーアプリとなったトップのPayPayでさえ、２０２０年3月期で売上収益91億6０００万円に対して８５６億円の赤字です。

それでもPayPayは、ソフトバンク、ソフトバンクG、ヤフーの3社出資で経営基盤が

図：世界各国のキャッシュレス比率比較（2016年）

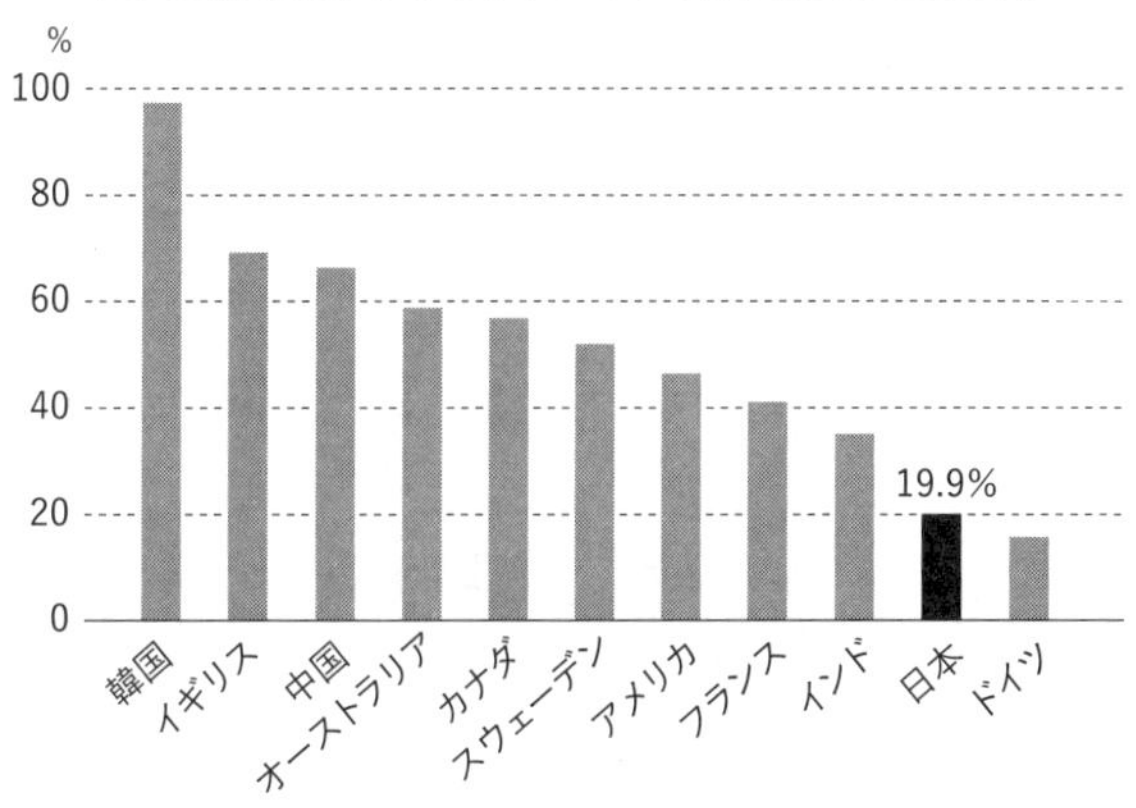

出所：キャッシュレス・ロードマップ2019

強固ゆえに、PayPayだけが、かろうじて生き残り、あとは淘汰されていくとみる向きも少なくありません。

メガバンクがスーパーアプリを狙っている

実際、三菱UFJフィナンシャルグループ、三井住友フィナンシャルグループ、みずほフィナンシャルグループの3メガバンクが、共通のQRコード決済アプリを作ろうとしています。

全国に展開したATMの運用負担に耐え切れなくなってきたからです。

共通のスーパーアプリを作れば、中国のアリペイやウィーチャットペイのような主流的存在を狙えるかもしれません。

3——なぜ「ＡＩが仕事を奪う」といわれるのか？

「雇用の未来」の衝撃

イギリスのオックスフォード大学でＡＩを研究するマイケル・Ａ・オズボーン准教授が、スタッフとの共著で２０１４年に発表した論文「雇用の未来——コンピュータ化によって仕事は失われるのか」は、世界中に衝撃を与えました。

米国の７０２の職業分類のうち、今後10～20年で、47％の仕事がテクノロジーにとって代わられる——としていたからです。

タクシーやトラック、電車の運転手も要らなくなるばかりか、弁護士や会計士の分析業務の大半や、医師による診断業務もＡＩによる判断が主流になるというのです。

ブルーカラーだけでなく、ホワイトカラーさえもが、その仕事の多くを奪われ、人間の仕事は、ＡＩを管理する周辺の仕事に、大幅チェンジを余儀なくされるというのですから、大きな驚きをもって迎えられたのです。

シンギュラリティ（技術特異点）到来で無くなる職業

ＡＩで無くなるという具体的な職業を、改めて見ておきましょう。

一般事務員、銀行の融資担当者、工場労働者、スーパー・コンビニ店員、スポーツ審判、不動産ブローカー、レストラン案内係、保険審査担当者、動物ブリーダー、電話オペレーター、給与・福利厚生担当者、レジ係、娯楽施設の案内係、カジノのディーラー、ネイリスト、ホテルの受付係、手縫い（てぬ）の仕立屋、時計修理工、データ入力作業員、彫刻師、苦情処理担当者、簿記や会計・監査の事務員、検査・分類・見本採取・測定員、映写技師、カメラ・撮影機器の修理工、眼鏡・コンタクトレンズ技術者、殺虫剤の混合・散布の技術者、義歯製作技術者、測量技術・地図作成技術者、造園・用地管理の作業員、建設機器のオペレーター、訪問販売員・路上新聞売り・露店商人、塗装工・壁紙貼り職人――など。

多くの職業が入っています。

一方で、幼小中学教師、外科医、営業職、介護職、データサイエンティスト、コンサルタントやカウンセラーはなくなる可能性が低いそうです。

AI社会で失業者だらけになったら？

本当に大半の人の職業が消えて無くなるのでしょうか。

いやいや、そんなに多くの職業は無くならない――という人の中には、今後急速に日本の人口も減るので、自動化が進めばちょうどよい――と考える人もいます（2050年に日本の人口は約1億）。また、新しい仕事も必ず生まれてくるので、それほど心配する必要はない――という人もいます。いったい、どちらが正解なのでしょうか。

シンギュラリティは、「人間の予測を超えた変化が社会に起こる」ということなので、ある程度は、やはり現実になるのかもしれません。だとしたら、街中が失業者だらけになってしまい、社会はどうなるのでしょうか。

その場合の対応策で考えられるのは、富の再分配を強化して（所得税の累進税率アップ）、「ベーシックインカム」を導入すればよい――という意見もあります。

ベーシックインカムとは？

「ベーシックインカム」とは、政府による国民全員への最低限の所得補償制度のことです。たとえば、金持ちにも、失業中で貧乏な人にも、等しくお金を支給します。

年金や健保、失業保険、生活保護などは廃止して、ベーシックインカム一本に絞れば、行政コストも下がるとメリットを強調する人もいます。都会より、田舎のほうが生活コストが安上がりなので、東京一極集中を和らげる効果があるともいいます。生活保護と異なり、自由に労働してお金を稼ぐことも許されるので、労働意欲を阻害しない制度ともいわれます。これをもし、未来の日本に導入したらどうなるでしょうか。

たとえば国民1人当たりに毎月7万円支給したら、3人家族の世帯で月収21万円です。子どもを5人産んで、7人家族なら、毎月49万円の世帯収入になります。

家族が多いと収入が増えるので、少子化対策になるかもしれません。

仮に人口1億人に「毎月7万円×12カ月」を支給したら、年間84兆円です。

国の一般会計予算が100兆円規模で、税収が60兆円だと、やはり大幅に足りません。

医療費などの社会保障費や地方交付税、公共事業や文教費、防衛費などもあるからです。ベーシックインカムは、世界の一部（フィンランド・カナダ・オランダなどの一部地域）で実験的に実施されましたが、効果があったとも、なかったとも、結局はっきりしないいま終わっています。しかし、年金や健保制度をなくしたら困る人が続出し、費用も巨額なので日本では実施の期待はもてそうにないのです。

4──なぜ「非認知能力」が重視されるのか？

「変化対応力」のない人は「落ちこぼれ」に！

シンギュラリティを超えた時点から広がっていくＡＩの世界では、「人間の予測を超えた変化が社会に起こる」といわれます。前項で触れた通り、今ある職業の半分が消えて無くなる可能性さえ高いのです。

そんなＡＩ時代に、ＩＴ関連で花形職業となるのは、ＡＩエンジニア、ビッグデータを分析するデータサイエンティスト、サイバー攻撃から情報を守るセキュリティエンジニア、ロボット技術開発者といったところでしょう。

しかし、そうしたスキルや能力に恵まれない多くの人たちは、たとえ高い学歴があったとしても、既存の仕事を従来通り続けることさえ難しくなっていきます。目の前の仕事が、ＡＩに置き換わっていくのですから、そこから脱却し、新たな道筋を構築する「変化対応力」がなければ、ただの失業者になるだけだからです。

知識や情報量においては、もはや人間がＡＩに打ち勝つことはできません。それゆえ、人間は、「AIがうまくできない分野」への転身を図らなければなりません。

「人間力」のある人が生き残る

AI社会で、人間が活躍できるのは、クリエイティブな分野（企画開発やデザインなど）とコミュニケーション力が必要な分野です。これらはAIが苦手な分野ゆえに、巧みなスキルが人に求められます。簡単にいえば「人間力」であり、次のようなスキルです。

■ビジネスマナーに長け、誰とでもスマートに対応でき、お互いの好感度も上げられる。
■高度な読解力で情報の意味合いをとらえ、問題点を見つけたり、企画立案ができる。
■気遣いのこもった率先垂範のリーダーシップが発揮できる。
■人間味あふれるプレゼンテーション力があり、説得、交渉力に優れている。
■難関プロジェクトに取り組んで、問題解決を図るチャレンジ精神がある。

こうした能力は、AIでは冷たく機械的になるので、とても人間のもつ力には敵わないからです。

「非認知能力」を磨いておくことが「成功への道」

つまり、「創造力」と「コミュニケーション力」などの巧みなスキルをもつことが、AI時代を生き抜く鍵なのですが、こうした能力は別名「非認知能力」とも呼ばれます。

「非認知能力」とは、どんなものなのでしょうか。

偏差値や学力、学歴、IQといった数値化できる「認知能力」とは異なり、可視化できない「感情や心のはたらき」を表しています。簡単にいえば、前述のスキルのような「人間力」には、次の2つの要素が根本ベースにあります。

「社会性」……相互の感情を制御して、誰とでもコミュニケーションできる。
「忍耐力」……柔軟な発想を何度も練り上げ、粘り強く最後まで取り組める。

まずは、自分の「非認知能力」の何が「強み」で、何が「弱み」なのかを知り、その部分をどうやって鍛え上げるかを考えることが大事でしょう。「社会性」と「忍耐力」に通じた部分に絞って考えると「強み」や「弱み」が浮かび上がりやすいからです。

幼少時の「教育」に重要ポイントがあった

じつは、世界におけるさまざまな分野での成功者たちは、「非認知能力」が高いことで知られます。しかも、そうした成功者の多くは、「非認知能力」を幼少期に培っていたことも明らかになっています。それゆえ、先進国の教育界では、幼少期に「非認知能力」をどう高められるかという教育研究も盛んになっているのです。

大人になってから「非認知能力」を存分に発揮できるような人を育てるには、どうすることが望ましいのでしょうか。

来るべきＡＩ社会では、壁にぶつかっても、めげることなく、さまざまなアイデアを出す発想力が必要です。また、対人コミュニケーション力を発揮して、新しい仕事にもチャレンジしていく粘り強さも求められます。これらへの答えは、意外にも簡単でした。

子どもの好奇心に任せ、興味のあるものに熱中させる体験を多く積ませてあげることが大事だったのです。親の過干渉が、子どもの創造性やチャレンジ精神に水を差すこともわかっています。「非認知能力」は、不便な暮らしの中でも育（はぐく）まれます。玩具がなければ、自分で工夫して作ったり、友達と野山を駆け巡る経験が、大人になってから役に立つのです。「非認知能力」を幼少時に育んでおくと、学校での「認知能力」も上がるそうです。

5――なぜ「ブロックチェーン」が革新的なのか？

中央管理者のいない画期的な仕組み

仮想通貨（暗号通貨・暗号資産）のビットコインは、サトシ・ナカモトと名乗る謎の人物名で投稿された論文に基づき、２００９年にインターネット上で生まれました。

形のない通貨なので、「仮想」とか「暗号」という名を冠しています。中央銀行や企業といった中央管理者や中央サーバーが存在しないにもかかわらず、これまで一度もシステムがダウンすることなく機能し続けています。そのビットコインを支える最大の特徴は、サトシ・ナカモトの発明した「ブロックチェーン」という仕組みでした。

ブロックチェーンは、ネットワークで直接結ばれた複数のコンピュータが構成する分散型ネットワークシステムになっています。そこに暗号技術を組み合わせ、コンピュータ同士で、一定期間の取引データをブロック単位にまとめ、検証しながら、正しい記録を鎖（チェーン）のようにつなぎ、データを蓄積します。ゆえに「分散型台帳方式」などとも表現されます。

この仕組みがすごいのは、一部のコンピュータが取引データを改竄してても、他のコンピュータの多数決によって、正しい取引データが選ばれることで、不正が行えないシステムになっているところです。ゆえに、特定の中央管理者を必要としないのです。中央集権型ではなく、分散民主自由型といってもよいわけです。

まさか、そのせいだったのか、中国は仮想通貨すべてを規制しました。取引所を規制するだけでなく、土地や電気代の安い内モンゴル自治区や雲南省にあったマイニング（採掘）業者を厳しく取り締まったのです。同時に詐欺まがいの仮想通貨も一掃しています。

じつは、禁止した本当の理由は資本流出を嫌ったからで、人民元が流出して安くなるのを阻止したかったからでした。ビットコインは禁止でも、中国の習近平主席は、ブロックチェーン技術は高く評価し、食品トレーサビリティに積極活用しています。

食品トレーサビリティには最適な技術

中国では食品偽装がはびこるため、食の安全への危機意識も高いからでした。

改竄ができないブロックチェーンは、農産物や海産物の履歴追跡に、格好の技術となったわけです。

ブロックチェーンの応用でこれから何が変わるのか？

ブロックチェーン技術が、その威力を発揮するのは、「食のトレーサビリティ」だけではありません。中央管理者がいなくても、データの同期と改竄防止機能がはたらきそうな場面は、世の中の到るところに見出せるからです。

ブロックチェーンが最も効率的に機能するのは、ビットコインという仮想通貨でした。しかし、ビットコインの代わりに、ブロックチェーンのそこに「モノ」や「信用」を置き換えると、新しい世界が広がるといわれています。

たとえば、メルカリは、メルカリ本社という中央管理者がいる中で、個人がフリーマーケットを行える場になっています。

しかし、メルカリ本社という中央管理者がいないブロックチェーンのフリーマーケットというものを考えてみればどうでしょう。

出品されるモノの信用度が問題になりそうですが、間違いなく本物という証明ができれば、ブロックチェーン上で、世界中のネットワークにつないだフリーマーケットを構築することも可能です。

あるいは、不動産のように公的機関の証明のある書類を、権利関係も含めてブロックチェーン化することも考えられます。不動産は所有関係が移っていくものゆえに、時系列で正しく管理されていけば、改竄のない真実性の所有権という信用が担保されます。

また、医療分野で、電子カルテをブロックチェーンで管理することも考えられるでしょう。初診で病院に行けばカルテが作られますが、それを電子化し、暗号化してブロックチェーンに組み込んでおけば、他の病院でも使えるようになります。

また、出生や学歴、勤務歴といった個人の属性をブロックチェーン化して、就活や婚活に使うといったこともできるでしょう。

中央管理者がいたほうがよい場合ブロックチェーン化は難しい

いくつか例を挙げてみましたが、中央管理者がいたほうがよい場合は、ブロックチェーン化は難しいのです。

一番最初に挙げたフリマアプリのメルカリなどは、信用を担保するうえでもメルカリ本社という中央管理者の存在「抜き」には考えられないかもしれません。

ブロックチェーン技術が威力を発揮するのは、中央管理者がいなくても信用や信頼性が担保される仕組みが整っていないと難しいからです。

6――なぜ「仮想通貨」は暴騰・暴落を繰り返すのか？

乱高下が激しく通貨としては使えない

仮想通貨は電子マネーとは異なります。電子マネーのSuica（スイカ）やICOCA（イコカ）は発行主体が鉄道会社で、カードに日本円をチャージしておけば、鉄道やショッピングで使うことができます。

しかし、仮想通貨のビットコインは、日本円をビットに両替すると、そのまま世界中のインターネット上でドルやユーロとの取引がいつでも可能になります。

しかも発行管理主体は存在せず、ビットコインを保有する利用者全員が、取引データを共有・管理する形（ブロックチェーン技術で連携）で偽造などの不正防止を行う仕組みです。

一方、このビットコインの新規発行は、マイニングと呼ばれる膨大な計算による全ブロック台帳への追記作業によって行われます。

このマイニング処理に参加した人には、1ブロックにつき6・25BTCの新規のビットコインが報酬として支払われる仕組みです。「BTC」はビットコインの通貨単位です。

マイニングも一定量に調整され、暴騰・暴落が起きないよう設計されていたはずですが、実際にはビットコインは暴騰・暴落を繰り返しています。

ちなみに、ビットコインは２１４０年までに２１００万ＢＴＣを発行したら、それ以上の新規発行はできない仕組みです。

現在ではビットコインに続く仮想通貨が全世界で３０００種類以上も生まれており、いずれも24時間３６５日取引が行われていますが、24時間中でも乱高下が非常に激しく、とても通貨としては使い難いものになっています。

そのため、株やＦＸ投資をしていた人たちが、投機目的で仮想通貨の所有者になる例が圧倒的に多いといわれます。

マウントゴックス事件

ビットコインは、各国にある私企業が運営する取引所で扱われています。

しかし、２０１４年には当時世界最大級の取引量を誇っていたマウントゴックス社が何者かにハッキングされ、預かり分の約75万ＢＴＣと自社保有分の約10万ＢＴＣが奪われ、顧客の預かり金約28億円を喪失し、経営破綻しました。危なっかしい業界なのです。

ブレーキの利かない取引市場になっている

ビットコインのチャートを見ると、その値動きの激しさには驚かされます。

２０１７年初頭は、10万円前後でしたが、12月には２１０万円まで高騰します。18年４月以降は急落してその半額を切り、19年１月には30万円台まで暴落です。そして19年６月には１４０万円台まで急騰、20年３月には40万円台まで値を下げ、８月には１２０万円前後まで戻します。まるでジェットコースターです。

これは、ビットコインの次に人気のあるリップルやイーサリアムといった仮想通貨でも傾向は同じです。仮想通貨は、なぜこんなに暴騰・暴落を繰り返すのでしょうか。

最も大きな理由は、取引量が少ないことです。

株式市場やＦＸ（外国為替証拠金取引）市場と比べ、参加者が少ないために、大口の取引が行われただけで、価格が急騰・急落するのです。もう一つの理由は、株式市場のように「ストップ高」「ストップ安」のような価格変動抑制システムがないからです。

それに加えて、国が発行する通貨のように、仮想通貨は通貨としての裏付けが一切ありません。何の保証もないので、人々がゼロ価値と思えばゼロになります。幻想通貨とも呼ばれるゆえんです。

それでも、近年は機関投資家もビットコイン取引に乗り出してきています。やがてビットコインも急激な価格変動がなくなるかもしれません。

メガバンクや日銀も仮想通貨発行か？

じつは、近年のキャッシュレス化の流れの中で、メガバンクも独自の仮想通貨を発行することを検討しているといわれます。日銀のゼロ金利政策の下(もと)では、貸出で利益を出すのも難しくなり、全国の支店網やＡＴＭを維持するコストも大変です。仮想通貨に現金を置き換えられるようになれば、支店網も人件費も大幅削減できるからです。

また、中央銀行である日銀さえもが、独自の仮想通貨を生み出し、通貨供給を二層構造で行う検討を始めています。

仮想通貨は、「誰が・どこで・いつ・何を買ったか」といった情報も、ビッグデータとしての収集が可能になります。日銀の金融政策にも役立てられるかもしれません。そうした観点からも、仮想通貨発行のメリットは十分あるといえます。

フィンテック事業者の増加とともに、日本でも、仮想通貨によるキャッシュレス化が急速に広がりそうなムードになってきているのです。

7――なぜ「デジタル人民元」が加速するのか？

「リブラ」は批判を浴びて迷路にはまった

２０１９年６月、ＳＮＳのフェイスブック社を中心とした28社が創設メンバーとなった合弁会社リブラ協会が、「リブラ」という世界で通用する仮想通貨プロジェクトの全容を発表し、世界を驚かせました。

各国通貨に基盤を置いた価格変動の起きにくい仮想通貨であること、そして全世界に通用するシンプルな金融サービスといった「リブラ」の趣旨は、各国政府や中央銀行から、通貨主権を損なう恐れ、匿名性のブロックチェーンがマネーロンダリングに利用される恐れ、リブラの信用補完性が不十分といった理由で批判されました。

リブラは方針転換を余儀なくされ、批判を受けてメンバーのペイパル、イーベイ、ストライプ、ＶＩＳＡ、マスターカード、メルカドパゴ、ブッキング・ホールディングスの有力7社が離脱、その後は携帯電話のボーダフォンも脱退しています。結局、世界で通用する多通貨モデルだった「リブラ」は、「単一通貨モデル」への変更を余儀なくされて、いつ発行されるかわからない迷路にはまり、世界の期待も萎(しぼ)んでしまいました。

ちょうどその頃、中国では中国人民銀行の幹部が8月に「デジタル人民元の発行は近い」と発言し、9月には「デジタル人民元の発行準備はほぼ完了している」と続け、10月には「暗号法」を制定し、世界は再び、初の中央銀行発行主体の仮想通貨に注目しました。

「デジタル人民元」ドル覇権への挑戦?

中国では、アリペイやウィーチャットペイといったスマホ決済が普及しており、今さらなぜ中央銀行がデジタル通貨を発行するのか、その意図が訝(いぶか)しがられました。

米中対立が激しさを増す中、中国は基軸通貨の米国ドルに頼らなくても、貿易や金融の決済を「人民元」で行える世界を目指しているのではないかというわけです。そのことが、米ドルへの脅威になるのではと騒がれました。

世界で使われる通貨シェアでは、米ドルが約44%、ユーロが約16%、日本円が約11%、英ポンドが約6%、豪ドルが約3・5%ある中で、人民元はわずか2%程度でしかないからです。はたして将来を見据えた基軸通貨ドル覇権への挑戦となるのでしょうか。

ドルの覇権を脅かす存在にはなれない

世界で米国が、軍事力以外でも強い立場が保たれるのは、基軸通貨のドルをもつからです。各国は、いったん自国通貨をドルに換えて、貿易や金融決済を行う場面が多いため、世界で一番ドルのシェアが高いのです。

したがって、米国と対立する国には制裁として、国際銀行間通信協会（ＳＷＩＦＴ）を通じて、金融機関でのドル決済をできなくさせる措置がとれます。

中国に米ドルを使えなくさせたら、中国経済はたちまち破綻してしまいます。強硬な態度で米国に臨む中国ですが、本当に恐れているのは、こういう事態なのです。

２０２０年に入ってからの中国では、すでにデジタル人民元を広東省深圳、江蘇省蘇州、河北省雄安新区、四川省成都、２０２２年の冬季五輪の会場で、利用者を限定して実験を行っています。

スマホのアプリにデジタル人民元を入れておけば、インターネット環境や銀行口座がなくても、デジタル人民元は使え、スマホとスマホを接近させれば、スマホの相手にもすぐに送金できる機能になっています。あくまでも、使い勝手のよい「現金」という位置づけだからです。

たしかに、中国共産党は、国内にデジタル人民元を普及させた後は、「一帯一路」を進める国でも使えるようにしていきたい思惑があるのかもしれません。

しかし、人民元をデジタル化して、スマホでの使い勝手をよくしたぐらいでは、ドル覇権はビクともしないというのが、多くの専門家たちの意見です。

中央銀行発行のデジタル通貨は増えていく

なぜなら、デジタル人民元の発行は、紙幣発行の範囲内で、その一部をデジタルに置き換え、紙幣そのものの発行や印刷、保管、流通コストについての削減に過ぎないからです。

世界の中央銀行が外貨準備としてもつ米ドルのシェアは、依然として6割以上を占めるのに対し、ここでのシェアでも人民元は2％程度にすぎません。

中央銀行の発行するデジタル通貨そのものは、旅行者が海外で使う時には便利になるかもしれませんが、世界の貿易や金融シェアにはほとんど影響を及ぼさないからです。

中国に続き、その他の国々もやがてデジタル通貨発行に追随するでしょう。すでに、カンボジア、スウェーデン、バハマ、東カリブなどでは実験が行われています。

8——なぜ「国際送金」は格安になったのか？

送金額の1割近くも抜かれる国際送金手数料の実態

これまで、日本から外国にある銀行口座に送金する際にかかる費用は、伝統的な銀行を通すと、日本は先進国中一番高いといわれてきました。高い理由は、銀行が儲けるために送金手数料に加えて、外貨に換える際にも手数料を上乗せした為替レートを適用するからです。

それだけではありません。

日本から送金する銀行が、外国の受取銀行との間で、コルレス契約（為替取引の手続きや条件を定めた契約）を結んでいないと直接送金ができません。するとコルレス契約を結んでいる銀行同士を次々中継させて送金することになります。

そのため、最初に日本の銀行で示された「送金手数料」は確定していても、最後に着金した銀行では、中継銀行経由で次々に手数料が差し引かれ、送金額の6～9％も目減りした価額だった——ということが起こってくるのです。しかも着金までに1週間前後もかかるのですから、今時、時代遅れも甚だしいのです。

この銀行間送金システムは、ベルギーに本部を置く国際銀行間通信協会が仲立ちしてきましたが、銀行が儲かるので放置してきた制度といってよいでしょう。

個人による国際送金が激増してきた

国際送金は、２０００年以降、「個人間送金」の分野が急拡大しています。グローバル化の波に乗って、出稼ぎ労働者や移住者が増え、母国との資金のやり取りが必要になったからです。おかげで銀行は、しこたま儲けることができたのです。

世界銀行の推計では、19年に過去最高の７１４２億ドル（約77兆円）に達しました。

世銀の調査では、顧客が負担する国際送金の世界平均の費用は、なんと6・８％にも及んでいます。平均でこれなのですから、バカ高いとしか、いいようがありません。

しかも、日本のメガバンクは、最近店頭での個人向け海外送金手数料を軒並み引き上げています。こんな理不尽な手数料稼ぎがいつまでも続くわけがないゆえんなのです。

最近では、手数料格安の外国送金サービスに特化したフィンテック企業も登場してきました。これから銀行で国際送金する人は、だんだんいなくなることでしょう。

格安国際送金サービスの誕生

銀行が独占していた国際送金システムに、最初に風穴を開けたのは、イギリスに本社を置くトランスファーワイズです。２０１１年に英ポンドとユーロ圏で始めた送金サービスは、今や80ヵ国に及び、取扱額は１日平均２００億円以上に膨らみました。

日本でも２０１６年からサービスを開始、国際送金は24時間以内に行われ、送金の手数料平均は０・７%と１%を下回っています。それでも、同社はさらに安くすると表明しています。「費用・スピード・利便性が強み」というのが、この会社を起業したＣＥＯのクリスト・カーマン氏です。ＩＴ先進国のエストニア出身で、母国の名門タルトゥ大学院では数学やコンピュータを専攻し、修士号を得て渡英、コンサルタント会社に職を得ます。そして、30歳の時、ロンドンで同じエストニア出身でスカイプ社に勤めていた、共同創業者のターベット・ヒンリクス氏と出会います。

ターベット・ヒンリクス氏はイギリスに住みながら給料をユーロで得ていたため、ポンドに換える必要がありました。一方、クリスト・カーマン氏はポンドを母国に送金するためにユーロに換える必要がありました。２人は、そこでお互いの通貨をグーグルの示す銀行間レートで交換するようになったのです。

地下銀行の仕組みにも似ている

銀行間における送金手数料の高さにも頭を痛めていた2人が、新しい国際送金サービスのアイデアを思いついたのは必然でした。A国からB国に送金したい人と、B国からA国に送金したい人を、国境を超えることなく同じ国同士のやり取りでつなげばよいからです。そのためには世界中に銀行口座を作り、ネットで口座情報をやり取りすればよいわけです。

じつはこの仕組みは、銀行業の免許をもたずに闇営業する地下銀行の仕組みと似ています。不法滞在や不法就労の外国人、あるいは犯罪収益を母国に送るためには、本人確認が必要な銀行は使えません。そのため、地下銀行は、まとめた現金を密輸したり、母国への電話連絡で、母国にプールした資金を相手先に届けるという方法をとっているからです。地下銀行の手数料は１％程度と安く、24時間以内の着金が可能でした。

中国では、外国への送金が、年間個人で5万ドルに制限され難しいため、海外の不動産を買う時などは地下銀行の利用が欠かせません。中国では、16年に地下銀行５００カ所が摘発され、取扱額が９０００億元（約15兆３０００億円）にのぼり、８００人以上の関係者が逮捕されています。

第4章

税金のカラクリ

1──なぜ大企業ほど税負担が軽くなるのか？

法人税率や所得税率引き下げの穴埋めが「消費増税」

１９８９年度には19兆円あった日本企業全体の法人税収が、２０１９年度には11兆円にまで減っています。法人税収が減ったのは、法人税率をどんどん下げたからです。法人税率は、１９８０年代には43・３％でしたが、以降は世界的潮流に従って下げられ、現在は23・２％となっています。法人にかかる税金は、法人税だけではありません。他にも法人の所得金額に対して法人住民税、法人事業税がかかり、これらの総額の所得に対する割合を「実効税率」といい、法人税等の税負担率は２０１４年度の34・６２％から毎年度下げられ、２０１８年には29・７４％にまで下がりました。大企業とマスメディアは、「日本の法人税の実効税率は世界と比べ高すぎる。これでは企業の競争力が殺がれ、産業の空洞化が進む」と訴え、政府もその意を汲んで実効税率を下げてきたのです。

また、所得税率の累進構造も１９７０年代には最高税率が75％もあり、91年の税収では27兆円近くあったものの、今では最高税率45％まで緩(ゆる)められ、直近では19兆円の税収です。

法人税も所得税も、税率を下げて大企業や富裕層に手厚い優遇をしてきたのですから、税収が減るのも当然なのです。慢性的な財政赤字の日本では、１９８９年4月に３％の消費税を導入し、結局法人税収や所得税収の減った分を、消費税率を5％、８％、10％と上げることで消費税収は21兆円まで増やしたものの、消費税率アップのたびに消費を鈍らせ、景気を押し下げました。実際、一般会計の税収全体は、消費税導入翌年の１９９０年度に過去最高の60兆円を記録後、２０１８年度に60兆円超えに戻すまで長く低迷してきたのです（消費税増税分の８割が所得税減税分と法人税減税分と見合う）。

大企業は儲けの蓄積が膨大なものになっている

この結果、国民は負担の増加で貧乏になる一方でした。反対に資本金10億円以上の大企業は、２０１１年以降連続で内部留保額を増やし、その額は２０１８年度には４６３兆円にも達しています。

内部留保とは、企業の純利益から税金や配当、役員賞与などを引いた残りで、利益剰余金や利益準備金と呼ばれるもので、いわば「企業の儲けの蓄積」です。アベノミクスの円安誘導もあって輸出大企業ほど利益を積み上げてきたのです。

大企業ほど税負担が軽い不思議

先に法人税等の税負担である実効税率は29・74%と紹介しましたが、驚くことに大企業ほど、この実効税率よりもはるかに税負担は軽いのです。

まずは古いデータから見ておきましょう。法人税率がまだ30%だった頃、国税庁が発表した「平成22年度（2010）会社標本調査」があります。これによれば各種の税制優遇措置を経たのちの法人税等の負担率は、資本金1億円未満の中小企業が25・5%、資本金1億円以上10億円未満の中堅企業が27・6%、資本金10億円以上の大企業が19・6%という有様だったのです。当時の法人税等の実効税率は、39・54%でしたから、大企業の実際の税負担率は実効税率の半分程度にすぎなかったわけで、中小企業や中堅企業が、大企業よりもはるかに重い税負担率だったのです。

最新のデータではどうでしょうか。東洋経済オンラインが2019年11月に発表した「税負担の少ない大企業ランキング200」によれば、売上高1000億円以上の直近本決算（2018年10月期～2019年9月期）から算出した法人税等の税負担率では、10%に満たない大企業が14社あり、10%台の大企業が54社、20～25%未満の大企業が92社もあり、ランキング200位の大企業でさえ26・2%の税負担率にすぎないのでした。

このランキングには名だたる大企業が並んでいるのですが、大企業ほど税金を少ししか払っていない実情が驚くほどに見えてくるのです。

大企業ほど税負担が軽くなるのは、各種の減税優遇措置が、大企業だからこそ効果的にはたらくからです。たとえば次のような優遇措置が挙げられます。


「連結納税制度による所得金額の軽減措置」…100%出資子会社は黒字と赤字相殺可。

「受取配当金の所得不算入」…他社からの株式配当を決算に反映しても所得から除外可。

「外国子会社配当益金不算入」…外国子会社の配当の95%までは所得不算入可。

「所得税額控除」…配当収入に所得税が課せられていれば法人税からの控除が可。

「研究開発費の税額控除」…研究開発経費総額の25%まで法人税からの控除が可。


こうした控除の活用で大企業は5兆円近い税金カットの恩恵を受けています。

大企業ばかりが優遇されるのは、政権与党への「政治献金」が効いているからです。

政党助成金導入時に廃止されるはずだった「企業献金」が存続するため、政策は大企業有利に歪められます。

2――なぜトヨタは儲かっていても税金を払わずに済んだのか？

本当の赤字はたったの2年だけ

トヨタ自動車といえば日本を代表する大企業です。

2020年3月期決算では売上高29兆9299億円、営業利益2兆4428億円でした。前年の19年3月期には、日本企業初の売上高30兆円超えでも知られます。

しかし、このトヨタが2009年から2013年までの5年間、儲かっていたのに法人税を払っていなかったというのですから世間は驚きました。トヨタの社長が2014年の決算発表で「やっと税金が払えるようになり、うれしい」などと発言したのですから波紋を呼びました。「何で5年も？」という疑問の声が飛びかったのです。

たしかに08年のリーマン・ショックを受けた翌年の2009年3月期決算では、本業の儲けを示す営業利益は1880億円の赤字に陥り、翌10年が3280億円の赤字、11年が4810億円の赤字、12年が4400億円の赤字となりました。

4年連続で本業が赤字だったというのですが、じつは経常利益で見てみると、赤字になったのは、２０１０年（７７０億円の赤字）と２０１１年（４７０億円の赤字）のたった２年間だけで、09年は１８２５億円の黒字、12年は２３０億円の黒字だったのです。10年と11年の赤字の合計は１２４０億円で、トヨタにとっては微々たる金額です。それなのに、なぜ5年間も法人税を払っていなかったのかが気になるところです。

たしかに、10年と11年が赤字だったので、決算で赤字分の金額は、翌年以降に繰り越せます。しかし、両年の赤字金額は、２０１３年3月期決算で８５６０億円もの経常利益を出したので解消されています。ゆえに、２００９年から２０１３年まで、5年間も法人税を払っていなかったこととの整合性が見えません。

儲かっていても、税金を払わないで済む仕組み

前項でふれた通り、「大企業ほど税負担が軽くなる仕組み」が、このトヨタの5年間にわたる法人税ゼロの不思議を解明してくれます。

ひとつは、トヨタが製造業なので莫大な「研究開発費の税額控除」があります。そして最も大きな税負担の軽減が、「外国子会社配当益金不算入」です。

これはリーマン・ショックの翌年の09年から導入された制度で、トヨタのために導入されたと囁かれる疑惑の軽減税制なのですが、外国子会社は現地で税金を払っているから、その子会社の配当金には95%の税額控除を認めるというものすごい優遇制度なのです。

1億円程度の「政治献金」で100倍以上の見返り

トヨタの売上に占める海外販売台数は、80年代に入ると5割を超え、今や8割超が海外での販売です。海外に子会社を作り、クルマを売っているのです。しかし、現地での配当金の税額は、世界的に見ても10%程度と低いのが相場です。対する日本での法人税率は、元々なら23・2%です。

海外で1000億円の子会社配当があれば、現地での税額が10%として100億円しか払っていないので、日本の法人税額相当の約230億円との差額分130億円を、本来ならば日本の法人税として払うべきなのですが、現実にはこうした強力かつ特別の税制優遇策で徴収されない形になっているわけです。

ゆえに、その分がガッポリ儲かります。さすがに日本を代表する大企業です。

毎年、日本自動車工業会とトヨタからの政権与党への政治献金は、大体1億円程度ですが、その百倍以上の見返りを受けていることになります。

1億円の政治献金で、100億円以上の見返りが得られるなら、安いものでしょう。

「輸出戻し税」というまやかし

それだけではありません。輸出大企業は、国内で部材を調達し生産を行い、その製品を輸出する際には、国内で部材調達のために支払った「消費税額分」を、海外では消費税がかからないために、政府から「戻し税」という形で還元してもらっています。

しかし、本当に消費税額分を下請け企業などに、支払っているなら問題ありませんが、輸出大企業の多くは、下請け企業にロクに消費税額分を払わず、値切りまくって調達しているのが実情でしょう。そのため輸出大企業は、その「戻し税」でも、儲かっているといわれるのです。

消費税率8%時代の2017～18年の1年間だけでもトヨタは3500億円の輸出「戻し税」の還付を受けたとされます。ゆえに消費税収が愛知県の豊田(とよた)税務署では赤字です。

輸出大企業の「戻し税」の合計は約6兆円と推計され、国の消費税収20兆円は、徴収される消費税収全体の7割強にすぎません。消費税収の4分の1は、払ってもいない輸出大企業に還付される形ゆえ、一般庶民は開いた口がふさがりません。

3――なぜソフトバンクGは税金を払わないのか？

通信会社から投資会社に変貌

ソフトバンクグループを未だに携帯電話の事業会社と思っていたら見当違いです。

2020年3月期の決算では、売上高は6兆1850億円でしたが、営業損益は前期比3兆4382億円も減らし、1兆3646億円もの赤字に転落、最終損益も9615億円の赤字になりました。これは事業会社というより投資会社としての大失敗だったのです。

国内の携帯電話事業は好調に9233億円もの営業利益を上げながら、投資事業のSVF事業（ソフトバンク・ビジョン・ファンド）などで2兆円近い損失を蒙（こうむ）り、携帯電話事業の利益を食い潰す格好になったのでした。SVF事業は、世界の最先端企業への投資のはずが見込み外れも多く、コロナ禍もあって惨憺（さんたん）たる状況に陥ってしまったのです。

税金を払わない巧妙なスキーム

ところで、このソフトバンクGは、2018年3月期に1・3兆円、19年3月期に2・

3兆円もの巨額の営業利益を上げながら、両期ともに法人税を払っていません。カラクリは、前項のトヨタが使った「外国子会社配当益金不算入」の減税スキームです。

ソフトバンクGは、2016年にアームHDというイギリスの半導体設計大手を3・3兆円で買収しています。2018年3月期はその配当を現金でなく、全体の4分の3の株式で受け取る形とし、この配当分には95%の控除が行われるため、税金を払わない会計処理ができました。また、株式の4分の3をソフトバンクGに配当として渡したために、3・3兆円で買ったアームHDの企業価値そのものが4分の1の8250億円に減った形になります。次いで2019年3月期は、このアームHDをソフトバンクGのSVF事業に現物出資します。3・3兆円で買ったアームを8250億円という安値で渡せば、2兆円以上の損失が発生します。損失が出ればその分の法人税も払わなくて済みます。

何のことはなく、同じグループの中で損失が出たように会計処理するだけで税金を逃れたのです。違法ではないものの、財務省は対策を講じ、この方法はもう使えませんが、この損失は20年3月期決算まで繰り越されました。なお、19年3月期決算では約400億円の申告漏れも指摘されたものの追徴課税はなく、損失と相殺(そうさい)されています。その後、2020年9月に約4兆2000億円でのアームHDの売却が発表されました。

自らが一代で築いた巨大企業の総帥

ソフトバンクGの創業者といえば、現在会長兼社長を務める孫正義氏です。

一代で巨大な企業グループを築いた立志伝中の人物です。

ソフトバンクGは、2020年3月期決算で大赤字を出しましたが、孫氏の報酬額は前期比9%減の2億900万円でした。他の役員と比べて低く抑えられていますが、それでもサラリーマンの生涯賃金に近い額をたった1年で稼いでいます。

一度に2億円の報酬だとほぼ半分は税金で取られてしまいます。しかし、孫氏にはソフトバンクからの株式配当があり、役員報酬以外にも年間193億円程度の収入がありま す。配当が100億円でも、配当税額は20・315%で済むのです。ゆえに孫氏は莫大な資産を積み上げてきて、総資産は2兆5000億円を優に超えるといわれています。他人事ながら、将来相続が起きたら、莫大な相続税が発生するのではと心配になります。2011年、孫氏は奇特にも東日本大震災が起きた際に、義援金として100億円を寄付すると発表し、さまざまな自治体や赤十字などに、直接60億円を贈っています。

そのため、ものすごく立派な篤志家として、孫氏は大称賛されたのでした。

富豪ゆえに世間の目は厳しい

ところが、その後寄付すると謳った100億円のうち、残り40億円はなんと孫氏自身が設立した東日本大震災復興支援財団に寄付していたことがわかるのです。

このことが判明したために、孫氏はあらぬ疑惑を世間から招いてしまいます。いわく、「復興支援」を隠れ蓑にした、孫氏自身の贈与税や相続税の抜け道に使われるのではないか――。

なぜなら、大富豪が財団に現金を寄付しても税金は一銭もかからないからです。ゆえに財団設立は、大富豪の税金逃れによく使われる手法といわれます。

08年から、法改正で一般財団は公益に資する目的でなくても設立は可能になっています。そしていろいろな事業が行え、収益も上げられますが、一般の法人と違うのは、「配当」をしないことだけなのです。利益は財団にそのまま蓄積されていくわけです。

そして肝になるのが、財団の内訳については外部から容易に窺い知ることができない点です。

自分の家族や身内を役員にして、高額の給与を払えば大金をバラ撒くことも可能です。バラ撒かれた金に所得税がかかっても、贈与税や相続税よりは軽いのです。

4――なぜ「高額所得者」ほど節税できるのか？

所得税は稼ぐほど税金が増える「累進課税」方式

所得税は、課税所得全体に税率をかけるのではなく、所得が一定額を超えるごとに、その超えた部分に対して高い税率をかけていく仕組みの超過累進課税方式となっています。速算表で示すと、課税所得が195万円以下なら税率5%です。課税所得が195万円を超えて330万円未満の場合には、税率10%で9万7500円が控除されます。

高額所得ともいえる課税所得が900万円を超え1800万円未満の場合は、税率33%で控除額が153万6000円になります。課税所得が4000万円を超えると最高税率の45%が適用され、控除額が479万6000円になります。

もちろん、これは課税所得なので年収額ではありません。基礎控除や扶養控除、社会保険料控除などが差し引かれ、その分課税所得は圧縮されて割り出されます。

しかし、その結果でも給与年収が1000万円以上の人は、国税庁の民間給与実態統計調査を見ても、給与所得者の5%程度（260万人）しかおらず、源泉所得税と社会保険料（年金や健康保険など）、前年度の所得にかかる住民税を引かれると、概算で年間７３０万円程度の手取りにすぎなくなります。年収２０００万円でも手取りは１３００万円程度です。驚くべきことに年収１億円では手取りは半分以下の４９１８万円程度になります。累進課税なので高額所得者になるほど税金でもっていかれる部分が多くなります。

　これでは年収が増えても素直に喜べません。そのため高額所得者ほど、自分が納める税金に敏感になるのです。

不動産経営の「損益通算」で納める税金を安くする

　そこで高額所得者が好んで使うのが所得税法上の「損益通算」という方法になります。

　これはAの事業が黒字でも、Bの事業が赤字なら、両方を通算して所得を圧縮できるという仕組みで、青色申告で赤字なら3年まで繰り越せます。

　所得税法上の所得は10種類に分類されますが、不動産所得、事業所得、譲渡所得、山林所得の４つの所得については赤字になると、他の所得の黒字から差し引けるのです（ただし、株式売買の損失は株式の利益としか損益通算できない）。そのため、高額所得者は、とりわけ不動産投資によって税金を圧縮する人が多いのです。

「減価償却」で所得を大幅に圧縮できる

たとえば、賃貸用の不動産を購入して運用すると、家賃収入が発生しますが（空室があれば収入も減る）、同時にいろいろな経費もかかります。

とくに初年度は、登録免許税や不動産取得税が、通年の租税公課（固定資産税・都市計画税）に加わります。

また、リフォーム費用や建物部分の借入金利子も経費になり、不動産業者への募集経費や管理費、見回りのための交通費も経費になります。

そして最も大きな経費となるのが減価償却費です。

新築の建物の法定耐用年数は木造で22年、軽量鉄骨で27年、重量鉄骨で34年、鉄筋コンクリートで47年です。中古ならさらに築年数分が短くなります。

たとえば、３３００万円で購入した新築の木造アパートなら、毎年１５０万円ずつを22年間建物が減価する分として、帳簿上の経費として計上できる形なので、家賃収入が年間２００万円あったとしても、これらの経費を足せば軽く４００万円は超え、不動産収入は２００万円以上の赤字になります。

年収１０００万円のサラリーマンなら、源泉徴収された所得税額は85万円程度ですから、確定申告で各種の控除をしていくと、申告納税額はたちまちマイナスになるはずです。すると、源泉徴収された所得税85万円全額が還付され戻ってくるのです。

これで事実上税金を払わずにすんだことになり、翌年の住民税もグーンと圧縮されます（所得が35万円以下なら均等割もかかりません）。

この方式で、さらに次々と中古の不動産を購入していけば、効率よく減価償却ができ、何年にもわたってまったく所得税を払わずにすますこともできるのです。所得の高い人ほど税金も沢山払っているので、不動産投資で節税に走るゆえんです。

サイドビジネスでの節税

最近流行の副業を独立自営型でスタートさせるのも、効率よく節税できる方法です。たとえば、語学や何かのスキルをリモートで教えたり、犬の散歩代行業を始めるのもよいでしょう。必ず経費が発生するので、自宅家賃を按分（あんぶん）したり、水道光熱費、パソコン代、通信費、交際費、広告費、研究費などを計上すれば、所得を圧縮し損益通算できます。

いずれにしろ、日頃から領収書をもらう癖をつけ、諸々のコストを把握して、給与所得者であっても、毎年確定申告することが節税につながるライフスタイルとなるわけです。

5――なぜ「ふるさと納税」はブームを呼んだのか?

税金の無駄遣いはまだまだ続く

2008年から「ふるさと納税」制度がスタートし、初年度の全国の受入額は、81億円でしたが年々増加し、2018年度は5127億円に達します。2019年度は4875億円とやや減りましたが、この制度に問題はないのでしょうか。

ふるさと納税制度とは、自分が指定する自治体に寄付(限度額あり)をすると、寄付額から2000円を除外した金額が、所得税や住民税から控除される仕組みです。そして、たいていの場合、寄付した自治体からはお礼としての返礼品がもらえます。たとえば5万円を寄付した場合は、4万8000円分が国や居住自治体には入らずに、寄付先の自治体に入ることになります。当然ですが、こういう制度設計でスタートしたわけですから、寄付してもらいたい自治体は、高額の返礼品を贈ることをPRして、返礼品競争が起きました。

大阪府の泉佐野(いずみさの)市は、高額返礼品だけでなく金券として使えるアマゾンギフト券まで返礼品とし、2018年度の寄付受入額が497億円にも達し、受入額トップになっています。泉佐野市の同年の一般会計予算517億円にも匹敵する寄付額だったのです。

それでもまだ100億円にものぼる借金が残っています。泉佐野市は、もともと第2の夕張(ゆうばり)市になるともいわれた財政逼迫の自治体だったために、なりふり構わず寄付を集め、そこから高額返礼品をバラ撒いたというわけです。しかし、少し考えればわかることですが、本来国や寄付者の居住自治体に入るはずだった税金が返礼品や事務処理費用分だけ消え去るわけですから、とてつもない税金の無駄遣いになっているのです。

制度が改められた

結局、2019年6月から国は、「返礼品の調達額は寄付額の3割以下」「返礼品は地場産品」などと制度を改め、泉佐野市など4つの自治体をふるさと納税制度の指定対象から外したため、泉佐野市に訴えられます。

泉佐野市は最高裁まで争った結果、制度改正以前の高額返礼品の問題行為については、お咎(とが)めなしとされ、ふるさと納税への復帰も認められました。そして、他にも43の自治体が要注意先として、総務省から制度の指定対象期間を当面絞られているのです。

なぜ「ふるさと納税」制度だったのか？

いったい誰がこんな制度を考えたのでしょう。そもそものキッカケは、06年3月の「地方を見直す『地方税制』案」と題された日経新聞のコラムといわれます。これを見た地方出身の政治家たちの間で議論が進み、第一次安倍内閣の「地方創生戦略」として、08年からスタートしたのです。

地方の自治体は、人口減少でどこも財政状況が厳しくなっています。

地方で保育や教育のサービスを受けた子どもたちも、成人すると都会に出て働き、一番稼ぎのある期間は、都会で納税し、老いて収入がなくなる頃に故郷に戻ります。そして地方自治体は、医療費負担や介護負担などの福祉費用がのしかかるだけなのです。

この仕組みを少しでも是正する制度が構築できないか——というのが、ふるさと納税の設計趣旨だったのですが、激しい返礼品競争が起こるという事前予想が甘かったのです。

誰が一番トクをするのか？

ふるさと納税制度には、寄付額に限度額があります。独身で年収400万円なら4万2000円ぐらいです。夫婦共働き高校生の子ども1人で年収800万円なら12万円ぐらいです。

黒毛和牛や高級海産物、温泉宿泊といった高額寄付が必要な返礼品利用だと、せいぜい5回以下ぐらいの利用でしょう（5回以下は確定申告が不要）。

その点、所得税や住民税の支払いの多い富裕層は違います。年収1200万円で専業主婦の妻と子ども2人なら、20万円を超え、年収1億円なら360万円ぐらいになります。富裕層ほどトクをするのが、ふるさと納税制度なのです。次にトクをしているのは、自治体に返礼品調達先に選ばれた地場産品の業者です。しかし、地方産業の振興といっても、自治体にへばりつき、ぶら下がる一方では、成長は覚束（おぼつか）ないでしょう。自治体への寄生を助長するだけだからです。

結局、地方自治体が返礼品競争のために広告を載せている、いくつかの専用ポータルサイトだけが一番儲けているのです。何とサイトの広告掲載手数料は、寄付額の10％程度もします。こうなると、今後のふるさと納税制度においても、受入額5000億円超の10％に当たる500億円が広告費で消え、3割の調達相当額1500億円の合計2000億円（全体の4割）が消えていきます。ふるさと納税サイトを見ると、今でも最大還元率116％や98％などと還元率ランキングが堂々と掲載され、激しい広告合戦が続いているのです。

6――なぜ脱税はバレやすいのか？

脱税の手口は大きく分けて３つ

脱税とは、税を納めなかったり、納めた税金から不正に還付を受けたりすることです。

脱税がバレた場合、本来納めるべき税額と過少申告で納めた税額との差額に追徴税が課され、さらにペナルティとして、悪質性や計画性の度合いに応じ、次のような附帯税が課されます。過少申告加算税、無申告加算税、不納付加算税、重加算税、延滞税、利子税です。

手口が悪質で数千万円にものぼる大きな脱税額だと告発されて、捜査機関によって逮捕され刑事罰に処される場合もあります。

30年ほど前のバブル期以前は、「歯科医、産婦人科医、パチンコ屋」の3業態が儲かって「脱税御三家」と呼ばれた時代もありましたが、今は特定業界だけが儲かる時代ではなくなっています。

脱税の手口は、大きく分けて「売上を過少に見せる」「経費の水増し」「期末在庫の圧縮」の3つです。これで利益を圧縮し、税金をごまかします。つまり儲かっていないという偽装を行うのです。経営状態をよく見せる「粉飾決算」とは逆のことを行います。

売上を少なく見せる脱税方法

脱税が、税務調査などでバレてしまうのは、辻褄（つじつま）が合わないことからです。売上を少なくする場合でも、ある日の売上をごそっと抜いてしまうとバレやすいのです。

たとえば、個人経営の飲食店などの売上圧縮でよくあるのは、毎晩9時までの売上はレジで会計し、9時以降の売上を電卓で計算するといった方法があります。

これは営業時間の偽装なのですが、税務署にマークされると、税務調査官にお忍びで来られ、案外バレてしまう方法でもあります。レジの記録に合わせて、伝票類も廃棄しないと整合性がなくなります。

売上の繰り延べという方法もあります。決算月の売上を翌月に回す「期ズレ」と呼ばれる手口で帳簿も納品書も改竄します。これも売上金額に不審をもたれると、取引先に照合されます。税務署は、経営者の自宅周辺の金融機関の口座も照会できますから、売上を抜いた金額を隠し口座に貯め込んでいると、預金額の推移からも見破られたりするのです。

経費を膨らませる脱税方法

売上が少ないのに、経費がやたらと多いと、これまた税務調査では、不審に見られます。同業他社のデータを把握している税務調査官は、その辺もチェックしてきます。経費を膨らませても、辻褄が合わないといけないからです。

経費計上で一番多いのは、領収書の改竄です。領収書に書かれた数字の頭に、さらに数字を書き加えて領収書の額を膨らませていく手口です。税務調査官は、こうした領収書はパラパラと通しで見たりします。すると、違和感のある領収書がいくつも浮かび上がるからです。筆跡の強弱や筆記具の違い、書体の変形などで見破っていきます。

また、よくあるのが架空の領収書です。怪しげな経営コンサルタントが、さまざまな会社や商店の名前入りの領収書を束で売ってくれたりしますが、どの金額数字も同一筆跡になりやすく、これまた水増しを見破られてしまうのです。そのうえ、書かれた会社や商店が実在するかどうか、裏を取られると一発でバレるでしょう。

行きつけの飲み屋で、まとめて空領収書をもらう場合もあるでしょうが、飲み屋もチェックされます。顧客サービスのつもりが、税務署から睨まれる事態に発展します。

また架空の人件費を計上する方法もよくあります。自分の妻や大学生の息子が、働いてもいないのに、働いているように見せかける手口です。

架空外注費を計上する手口もあります。頼んでもいない仕事を発注したことにして、経費を水増しするのです。これも裏を取られるとすぐに露見してしまいます。

来期に購入予定の機械や設備があれば、期末になって利益が多いと、あわてて期内に購入したことにして減価償却費を計上する方法もあります。決算期末に多いので、見破られかねないのです。あるいは、法定耐用年数10年で３００万円の機械では、30万円しか経費計上できないところを納入業者と結託して、30万円の機械を10台購入したことにする偽装もあります。

期末在庫を圧縮する脱税方法

本当の在庫は沢山あるのに、帳簿上圧縮して少なく見せます。

売上から売上原価を引いたものが売上総利益（粗利）ですが、売上原価の計算は、仕入れから期末在庫を引いたものです。ゆえに実際の在庫より、在庫を減らすことで売上総利益を小さく見せ、儲かっていないことを偽装する脱税手法もあります。

しかし、いずれの手口も類型パターンゆえに、税務署に見破られてしまいます。

7—なぜ相続税対策で「不動産」が有利になるのか?

日本は相続税が過酷な国へ

世界的には相続税は廃止傾向に進んでいます。遺産は、所得税や住民税を払ったあとの財産ゆえに、これに課税するのは二重課税になる——といった理由です。

1971年にはカナダが相続税を廃止し、79年にはオーストラリア、92年にはニュージーランド、01年にはマカオ、04年にはスウェーデンとスロヴァキア、ポルトガル、06年には香港、08年にはシンガポール、オーストリア、14年にはノルウェーと廃止する国が増えています。中国やマレーシアにはもともと制度がありません。相続税を廃止すると相続税のある国から富裕層が移住してくれるというメリットもあるようです。

ただし、日本人が相続税逃れのため、相続税のない国へ移住しても、17年4月以降は、10年間在住していなければ日本の相続税が課されます(以前は5年)。

相続税の基礎控除は「3000万円+(600万円×相続人数)」ですが、遺産額に応じて10%から段階的に税率が上がり、少なくとも6億円を超える遺産があれば、最高税率が

55%もかかります。2016年に改正される以前の基礎控除は「5000万円＋（1000万円×相続人数）」で、最高税率も50%でしたから、欧米先進国と比較しても日本は相続税が過酷な国です。世界の流れと逆行しています。

もっとも相続税は、一般庶民にはほぼ縁のない税金です。

相続時に相続税が該当するのは、亡くなった人の8・5%ぐらいしかいないからです（改正前は4・4%）。

ただし、東京23区内に土地があったり、タワマンなどの高級マンションに住居があると基礎控除枠を超えてしまうでしょうから、相続税の発生する確率は高くなります。

課税対象となる財産

相続税の課税対象となるのは金融資産（現預金、株式など）、不動産資産（土地家屋など）、動産（宝石、貴金属、美術品、自動車など）、各種権利（著作権、特許権、ゴルフ会員券など）、事業用資産（機械、設備、原材料、商品、農産物、売掛金など）です。

仏壇や仏具、墓などは非課税ですが、価値のある黄金の仏像などは、美術品扱いとなって課税されます。

現金での遺産1億円はそのままの相続税評価額

相続税の課税評価は「時価」が基本ですが、上場株式のように評価が出しやすいものは少なく、むしろ評価が出しにくいもののほうが多いのです。現金や預金なら、額面そのものの100%評価ですが、他のものは評価額にも差が出ます。

たとえば、不動産などは、人に貸していると大幅に評価額を圧縮することが可能です。

1億円の預金を相続人2人で相続すると、「3000万円+(600万円×2人)」の計算で基礎控除額は4200万円なので相続評価額は5800万円で、2人で半分相続すると1人2900万円ずつとなり、3000万円以下の税率は15%で控除額は50万円です。

すると税額は、「2900万円×15%」で435万円となり、控除額50万円を引くと385万円になります。5000万円ずつもらって、385万円の相続税を払うと手取りは4615万円なのです。

しかし、現金1億円で遺産を残すより、その1億円で木造アパートを買っていた場合は、実勢価格の1億円がグーンと小さく評価され、相続税を払わなくてもよくなります。

時価1億円の不動産を相続すれば相続税ナシ

土地と建物は、別々に相続税評価額を計算します。

まず、土地の評価額は路線価で決まります。時価7000万円の土地でも8割ぐらいの路線価評価になり、これに時価3000万円の貸家（アパート）があると、「貸家建付地」となって借地権割合と借家権割合がさらに2割ほど控除され、評価額が下がるのです。

たとえば、時価7000万円の土地でも最後は6割程度の4000万円ほどの評価になるからです。さらに建物の評価は、時価で3000万円する建物でも、「固定資産税評価額」になり、これに借家権割合と賃貸割合（全部空室だと固定資産税評価のみ）が控除されれば2000万円弱程度にまで圧縮されます。

となると土地評価額4000万円と建物評価額2000万円の合計で、時価1億円のアパート物件はわずか6000万円程度の評価となります。そしてここに小規模宅地の特例の適用を受ければ、さらに半額の3000万円程度の相続税評価額にまで圧縮されます。するとどうなるでしょう。1億円の相続財産は4200万円の基礎控除枠の範囲内に収まり、相続税そのものを払わなくてもよくなります。

遺産は現金で残すより、不動産で残すのが正解になるわけです。

8―なぜ政治家は資産を増やすことができるのか？

政治団体を通じて個人資産も形成できる

政治家は、なぜ資産を大きく増やし、肥え太ることが可能なのでしょうか。

それは、もともと他の先進国と比べても、議員としての報酬や待遇が著しく良いことに加え、政治献金を得て、議員職を代々世襲できることが大きな要因です。

とりわけ政治献金の受け皿となる政治団体は無税で継承できる仕組みなので、当選に有利にはたらく3バン（地盤…地元の後援会組織、看板…親の代からの知名度、カバン…政治団体の金）をもつ世襲はそれだけ増殖しやすく、現在、世襲議員は半分近くにもなるのです。

建前上は政治家個人への献金は禁止ですが、政治団体（資金管理団体及び後援会）は議員が事実上支配しています。ゆえに無税で金が貯えられ、無税で身内へ継承されます。

06年に「週刊現代」が報じて発覚した事件では、小沢一郎（おざわいちろう）衆議院議員の政治団体「陸山会」が、ゼネコンから得た6億円余の政治献金で土地を購入し、小沢議員の名義で登記していたことが問題となりました。政治団体経由で個人資産も形成できるゆえんです。政党助成金を年間320億円も配分されているなら、企業・団体献金やその偽装に使われる個人献金も、どのみち賄賂(わいろ)ゆえ一切禁止すべきですが、醜怪な構図はまだ続いています。

国会議員の報酬や待遇は世界一

ところで、新聞やテレビで、国会議員の報酬が紹介されることがあるものの、マスメディアは勝手に忖度(そんたく)して「歳費」の分だけしか報じません。コロナ禍で、歳費を2割カットする法案が通ったと報じた際も、月額歳費129万4000円（年間1553万円）が、あたかも議員の全報酬であるかのように印象操作して報じています。

国会議員の報酬は年間1553万円どころでなく、他の名目での収入が多くあります。

歳費の他にも期末手当が638万円、非課税で使途自由の文書通信交通滞在費が毎月100万円で年間1200万円、会派に支払われる立法事務費が780万円、そのうえ、政党助成金の議員への分け前として1000～2000万円程度も受け取れます。全部合計すると年間5000～6000万円にもなります。さらに、セコいことに公設秘書3人へ、国から支給される給与計約2400万円分からも何割かを強制的に寄付させる議員が多いそうで、まさしく金の亡者になっているのです。

高待遇すぎる日本の国会議員

国会の傍にある議員会館の事務所家賃、水道光熱費はタダです。地方出身の議員は赤坂の一等地にある3LDKの議員宿舎にもたったの8・4万円の家賃で住めます。

JRの乗車料金やグリーン車もタダで乗り放題、地元が遠方なら往復航空クーポン券も月4回分もらえ、マイルまで貯まります。こんなに高待遇の国会議員が、衆参両院で713人もいるのです。人口が1億人も多い米国の上下両院の議員数は535人です。人数が多いほど手抜きが増える「リンゲルマン現象」が日本で生じていないことを祈りたいものです。米国の場合、上下両院議員への歳費は1万7400ドルだけです。1ドル110円換算なら、1914万円と少なく、他に規定の事務所費用と郵送費用が賄われ、立法実務に携わるスタッフは数十人単位で雇える点が日本と大きく異なります。スタッフの人件費は上院で2億円、下院で1億円程度まで認められ、議員が雇うものの、身分は公務員扱いです。

地方議員も高報酬で高待遇

世襲が多いのは地方議員（全国に約3万2000人）の場合も同じです。

地方議員など不要という声もあります。報酬目当ての兼業者が多く、年間70～80日程度しか議会に行かず、勉強もしないので行政的な知識も乏しく、首長の提出した条例案は修正されることなくほぼ丸呑みで通り、議員提案のない議会が9割以上を占めるからです。

せいぜい国政選挙の時に、国会議員候補の票の取りまとめ応援に駆り出されるぐらいの存在です。それでいて、一定数の人口がある自治体の議員報酬は、ものすごい高待遇です。都道府県議会議員なら政務活動費を含めて平均2000万円超えです。市議で平均850万円、町議で平均400万円です。たとえば、埼玉県議（定数95議席）なら歳費が月額92・7万円で政務活動費が月額50万円、期末手当て込みで年間2190万円にのぼります。

さいたま市議（定数60議席）なら歳費が月額80・7万円、政務活動費が月額34万円で同様に年間1721万円です。政務活動費は、2012年に政務調査費が改称され使途が拡大しています。調査研究費、人件費、交通費、研修費、事務所費、広報費などが名目ですが、領収書が必要ないケースも多く、「裏給与」「遊興費」などと呼ばれています。地方議会では、歳費や政務活動費をお手盛りでどんどん上げてきたため高待遇になったのです。

諸外国では、地方議会は平日夜に開かれたり、一般サラリーマンの無報酬ボランティアか、せいぜい年間の手当てが50万円以下で務めるのが普通です。日本が異常なのです。

9―なぜ宗教法人は「脱税し放題」といわれるのか？

いろいろある優遇税制の恩典

文化庁がまとめた2019年版の「宗教年鑑」によれば、宗教法人の数は18万665団体あり、これらを包括する宗教団体も法人が399団体、非法人が78で合計477団体となっています。結構な数です。系統も神道系、仏教系、キリスト教系、諸教といろいろにわかれています。従事する僧侶や神官の数は、寺が35万人強、神社が7万2000人弱、キリスト教系は3万1000人強、諸教が20万人です。届け出られた信者の合計数は1億8133万人にのぼり、日本の人口を超えています。

宗教法人は公益法人です。公益法人は営利を目的とせずに公益に資することを条件に、特別法に基づき活動範囲に応じて都道府県知事や所轄大臣の認証を得て法人格を有します。こうした宗教団体の収入はピンキリです。信者が多ければ寄付も多く集まりますが、田舎の寺などで檀家も少なく、後継者もおらずに廃寺寸前のところまであります。

ともあれ、宗教活動で得た収入には基本的に税金がかからないという恩典があります。

宗教活動と認められていれば、法人税もかからなければ、不動産を購入しても宗教施設（墓地に供する土地も含む）なら、不動産取得税も登録免許税も固定資産税も払わなくてよく、保育や幼稚園に供する土地でさえ無税です。おまけに幼稚園の入園料、保育料、施設設備費も無税です。墓地の販売や戒名（かいみょう）料、祈禱（きとう）や読経といった活動、お守りやお札、おみくじの販売活動で得た収入も、宗教活動と見做（みな）され無税です。

面白いことに宗教法人法には、「礼拝の施設その他の財産を有していること」といった宗教法人になるための条件があるために、収入の多い宗教法人はやたらと不動産を保有したがります。

収益事業での法人税まで優遇されている

もちろん、宗教法人が営利事業を行って得た利益には課税されます。ただし、これも優遇された法人税です。法人税率は一般企業では23・2％ですが、宗教法人は19％に軽減されています。しかも所得の80％にしか課税されません。ゆえに実質税率は15・2％です。

近年では新規の宗教法人設立はハードルが高いため、休眠状態の宗教法人を、脱税を狙いたい悪徳企業や強欲な富裕層が数千万円で購入したりしています。

「脱税」は簡単にできてしまう

日本では、宗教法人への課税を強化すれば、消費税などいらなくなる——と主張する人もいますが、宗教活動に課税しないというのは世界標準です。

せめて、脱税をしないよう宗教法人への、国税当局の監督チェック機能を高めることが望まれます。

宗教法人の脱税手法は意外に簡単です。たとえば檀家からお布施をもらって寺の収入にもせず、自分の懐(ふところ)に入れてしまえば、誰にもわからなくなります。お布施に領収書は出しませんから証拠はどこにも残りません。

寺からの住職への給与には所得税や住民税が課されますが、宗教活動での収益をそのままネコババすれば最も簡単な脱税方法になります。ゆえに自分の給与はできるだけ少なくして、宗教活動の収入をポコポコ抜けば、自分の手取りはいくらでも増やせます。

給与所得は累進課税です。住職として給与年収1000万円を得たとしても、社会保障費と所得税・住民税で手取りはせいぜい730万円になります。給与年収2000万円になったとしても、手取りはたったの1300万円程度に圧縮されてしまいます。

正式な所得はできるだけ小さくして税金を少なくし、寺の収入をそのまま流用して懐に入れたほうが、はるかにオイシイのです。

宗教法人は、収益事業を行っている場合、毎事業年度終了後2カ月以内に貸借対照表や損益計算書を添付して確定申告が義務付けられているものの、収益事業を行わず、収入が８０００万円未満ならば収入が少ないとして申告しなくてもよいことになっています。

８０００万円という収入は少なくないでしょう。もっと基準を厳しくして申告を義務化すべきなのです。

収益事業と宗教活動の区分をあいまいにできる

宗教法人が便利なのは、収益事業で上がった利益を、宗教法人の宗教活動で得た収入として、無税でごまかすといった偽装計上がしやすいことでもあります。

２００９年には「宇宙真理学会」と称する宗教法人がラブホテルを経営し、ラブホテルの収益の一部を「お布施」として宗教活動の収入にして、売上を減らしていました。14億円もの所得隠しをしていたことで重加算税を含め3億円を追徴課税されています。

いずれにしろ、宗教法人は、外部からはなかなか内情が見えにくくなっています。その気になれば、いくらでも脱税ができる「坊主丸儲け」の世界なのです。

10―なぜＭＭＴは経済学者に否定されるのか？

インフレにならない限り財政赤字は問題ない

２０１９年、突如米国で注目された理論が「ＭＭＴ（Modern Monetary Theory）」です。「現代貨幣理論」と訳されますが、民主党左派や若者に支持を集める一方、主流派経済学者はハイパーインフレのリスクを軽視していると批判しています。

ＭＭＴを表舞台に上げたのは、２０１８年の中間選挙に臨み、下院議員に全米最年少で当選した、労働者階級出身のアレクサンドリア・オカシオ＝コルテス氏です。民主社会主義を唱えるオカシオ＝コルテス氏は、地球温暖化対策や国民皆保険制度の巨額の財源を確保するための理論として、ＭＭＴをぶち上げたのでした。

ＭＭＴの提唱者は、ニューヨーク州立大学のステファニー・ケルトン教授です。「自前の通貨をもつ国は、自国通貨建てでいくら国債を発行しても、債務不履行にはならない」という理論です。これは、いくら借金しようと、いざとなれば自ら新たにお金を刷って返せばよいだけなので、返済不能にはならず、財政破綻もないというのです。

ケルトン教授は、2020年の大統領選に出馬してすでに敗れた、民主党急進左派のバーニー・サンダース上院議員の顧問を務める経済学者です。オカシオ＝コルテス氏も、2016年の大統領予備選の際にはサンダース氏の選挙事務所で働いていたので、3人ともつながりがあります。ケルトン教授は、「国の借金が膨張しているのに、金利も上がらず財政破綻しない日本が、すでにMMTの正しさを証明している」とまで述べています。

先進国は、低成長、低金利、低インフレが長期化しています。「長期停滞論」まで指摘されるのは、構造的な需要不足に陥っているためで、民間部門による投資が見込めない以上、政府が積極的な財政出動で補うべきというのが、MMTの論拠というわけです。

主流派経済学者は皆反対

しかし、国債を増発していけば、いつか金利が上がり（国債価格は下落）、通貨の信認を失い、輸入物価急騰でハイパーインフレのリスクが懸念されます。ゆえに名だたる経済学者たちがMMTは経済理論ではないと否定的です。

ケルトン教授は、インフレの兆（きざ）しがあれば、財政支出を取りやめるだけでよく、インフレを過度に恐れるなと反論しています。

日本の債務残高がGDPの2倍を超えた

日本では、財政赤字が深刻な常態になっています。そもそも国の全体の予算額が100兆円規模なのに税収の見立ては60兆円しかなく、残りを国債という借金で賄っています。昔から歳出規模に税収が追いつかず、不足分を国債発行でしのぎ、国及び地方の長期債務残高は1100兆円規模を超えています。GDPの2倍超（221%）にもなるのです。

終戦直後にも、戦争遂行のために乱発した国債で発行残高がGDPの204%になり、ハイパーインフレになりました。預金封鎖や新円切り替え、財産税導入で対処し、結局国民の財産は奪われました。政府がマイナンバーカードの銀行口座との紐付け（ひもづけ）を狙うのも、いざという時の国民の財産奪取計画の準備ではないかと疑われるゆえんです。

もはや、2020年度は、突然の新型コロナ対策で予算規模も当初の100兆円から、7月時点で2度の補正予算を経てすでに1・6倍です。2020年度は借換債なども含めた国債発行額は過去最大の253兆円にものぼっています。まだまだ先行きが見通せないので国債発行額も増え続けるでしょう。これではいくら増税しても返済は不可能です。

しかし、ケルトン教授は、日本の債務残高はけっして過大でないというのです。

「ハイパーインフレは極めて想像しにくい。ハイパーインフレが起きたのは戦争やクーデターなどの場合で、民主的な政府がお金を大量に刷って、完全雇用を目指した場合は起きていない。ハイパーインフレはマネーの過剰でなく、モノの不足で起きるのです」

そして、財政再建よりも、財政支出で長期停滞から脱却したほうがよいと主張します。

「日本政府と日銀は、MMTを長年実証してきた。日銀は日本国債の47%を買い上げ、金融政策で長期金利も抑制している」

海外保有が増えると危ない

世界銀行のリポート「許容できない債務」には、国債は海外民間投資家の保有比率が、20%を超えると価格が急落する懸念が高まるとしています。

海外投資家は、日本の悪い情報があれば逃げ足が速く、レバレッジ（てこの原理で投資金額を増やすために借金をすること）をかけて一斉に売り抜けます。国債価格が急落する（金利急騰）恐れがあるのです。日本国債はすべて円建てとはいえ、海外からの借金が怖いのはギリシャ危機でも明白です。近年の日本国債の海外保有率は9%と過去最高です。

まだまだ余裕がありそうですが、残高が膨らみ続けると金利急騰のリスクもあり、MMTも、やはりただの徒花（あだばな）だった——となるかもしれません。

11――なぜ「預金封鎖・資産課税」の可能性があるのか？

2024年に何かが起きる？

日本国の債務残高は膨れ上がっています。新型コロナ対策で、MMTを地で行くように国債発行額も増やしています。その金融機関の国債を日銀が買いまくる事実上の財政ファイナンス状態です。これではいつ日本国債の信認が失われるか、極めて危うい事態でしょう。GDPの2倍超1100兆円規模まで借金が積み上がり、到底返せる額ではありません。「いつの日か」の時点でデフォルト（債務不履行）になる日を迎えることになります。

そうなる前に借金を減らすべく、政府は国民の財産を奪うか、インフレ進行で負担を減らす政策しかありませんが、一歩間違えれば超円安になりハイパーインフレもありえます。この国民への財産課税を、2024年に行うと予想する人がいるので恐ろしい話なのです。なぜでしょうか。2024年に、20年ぶりに新紙幣が発行されるからです。

一万円札の肖像画は、福沢諭吉（ふくざわゆきち）から渋沢栄一（しぶさわえいいち）に変わり、五千円札は樋口一葉（ひぐちいちよう）から津田梅子（つだうめこ）に変わり、千円札は野口英世（のぐちひでよ）から北里柴三郎（きたさとしばさぶろう）に変わります。

政府は、偽札防止の観点からの「改刷（かいさつ）」と称しますが、もし、この新札発行時に、「預金封鎖」を行い、旧札を使えなくし、今の1万円を新８０００円に交換するといった強制的な「財産課税」を行うとどうでしょう。タンス預金も脱税アングラマネーも炙り出せ、2割もの財産カットができます。あるいは一定の資産（預金・不動産・債券）以上を有する金持ちだけを狙って財産の没収をすれば、国民の不満もある程度は抑えられます。

そのためにも国民の財産把握のためにマイナンバーカードを推奨しています。預金の紐付けも強化するでしょう。

この「預金封鎖」や「資産課税」は、奇（く）しくも新札の肖像画に登場する渋沢栄一の孫の渋沢敬三（けいぞう）が大蔵大臣の時（１９４６年）ゆえ、因縁を感じさせます。何の予告もなく、預金を一定額以下しか下ろせなくし、強制的に国民財産を奪うのです。

富裕層から多くの財産を奪う

かつての「資産課税」では、預金だけでなく株式、不動産、債券、金に到るまで、資産額に応じて25〜90％もの高率で課税し、富裕層を没落させました。敗戦後のインフレ鎮静化が目的でしたが、結局ハイパーインフレで国債は紙切れ同然になったのです。

「資産課税」のほうがハイパーインフレよりマシ

1946年の資産課税実施時の税率を、現在の価値に置き換えると（500倍で計算）、今の5000万円の純資産保有者で最低税率の25％、1億円の純資産保有者で55％、10億円の純資産保有者で65％、75億円の純資産保有者で90％といった水準になります。

つまり、当時の富裕層は3割近くから9割に及ぶ財産を没収されたわけです。

ものすごく高く見える税率ですが、ハイパーインフレになって、物価が50倍から100倍に跳（は）ね上がれば、純資産も50分の1から100分の1に減るも同然なので、ハイパーインフレになるよりはまだマシだったのです。

しかし、戦後の4年間だけでも日本の物価は140倍になっています。つまり、当時は高率の「資産課税」を行った上に、ハイパーインフレが襲ったため、富裕層の打撃はダブルパンチで大きかったのです。しかも、この資産課税だけでは、国債という借金の帳消しに十分ではなく、結局、戦時中に乱発した国債はハイパーインフレでチャラにしたのです。

資産を防衛するには？

「預金封鎖」と「資産課税」から純資産を防衛するには、まずは海外の銀行預金で米国ドルを保有することです。日本の金融機関にドルを預けても、資産として捕捉されます。

米国で不動産投資を行うのもよいでしょう。ただし、国税庁は、５０００万円以上の海外資産保有があれば「国外財産調書」の提出を毎年義務付けています。不提出には1年以下の懲役または50万円以下の罰金が科され、悪質と判断されると5年以下の懲役または５００万円以下の罰金、無申告による期限後申告は多額の延滞税や無申告加算税、重加算税などが課されてかなりの高額です。規制にかからない範囲での海外資産保有が無難です。

なお、自宅で保管するなら実物資産の金がおすすめですが、金は金利もつかず保管場所に気をつけないと火災で溶けたり、盗難に遭う恐れもあります。

ハイパーインフレの場合でも金は有効です。円というお金の価値が50分の１になっても金の価値はそのままだからです。不動産での巨額の借金も小さくなりますから、負債まみれのメガ大家さんは、金を売ってローンを返済することも可能になるでしょう。

ハイパーインフレで最もトクをするのは、国債の借金をチャラにできる政府ですが、最も打撃を受けるのは年金生活者です。

金、株式、不動産、外貨（国内預金でもＯＫ）も基本的に物価に連動するので、ハイパーインフレでも強みを発揮してくれます。

第5章

投資のカラクリ

1—なぜ今「投資」が必要といわれるのか？

「老後資金2000万円問題」という茶番

金融庁が2019年6月に公表したレポートでは、にわかに波紋を呼んだ「老後資金2000万円問題」がありました。「老後における夫婦の生活は、厚生年金だけでは不足するため2000万円は必要」という内容でした。マスメディアや野党がここぞとばかりに騒ぎ立て、事実上の撤回に追い込みました。いわく「年金が少なすぎる」とか「年金は百年安心のはずではなかったのか」とか「年金で暮らせるようにしてほしい」などの無いものねだりのイチャモンが飛び交いました。公的年金だけでは、老後生活が成り立たないのは、以前からよく知られていたことなのに、とても奇異な印象が残る出来事でした。

金融庁のレポートでは、夫65歳以上、妻60歳以上の夫婦のみの無職世帯では、家計調査のデータから毎月の平均支出額が約26万円に対して、収入が20万円程度なので、毎月平均で5・5万円が不足する。ゆえに年間の不足額が66万円で、30年間だと1980万円だから、ほぼ2000万円が不足するという計算でした。

しかし、この平均支出額26万円はギリギリ生活の場合で、ゆとりある生活には36万円は必要といわれます。

そのうえ、この計算では、収入が20万円あるのが前提ですが、そんな金額の年金を受給している世帯は少ないのです。なぜなら、厚労省が公表している厚生年金（国民年金含む）の19年の平均受給額は14万６０００円だからです。金融庁のレポートでいう２０００万円ではとても足りないのです。こちらの年金収入のほうで計算すると毎月11万５０００円不足し、年間の不足額は１３８万円で30年間なら４１４０万円の不足になります。

ゆとりある生活なら７７４０万円も必要です。高齢になるほど生活費は下がるものの、いずれにしても世帯差も大きく、「老後資金はいくら必要か」という問いへの本当の正解はないのです。65歳を過ぎても働いて生活費を稼ぐ人もいれば、病気になって手術をしたり、寝たきりで介護が必要になれば、手術費や施設への大きな費用も発生するからです。

貯蓄もままならない時代になっている

現役世代の賃金が徐々に下がり、消費税率もジワジワ上がる国民窮乏化政策が続いていています。これでは、老後資金は多くの世帯で不足し、貧困老後が訪れるのは確実なのです。

政府も銀行も証券会社も信用してはならない

そんな背景もあって政府は貯蓄より投資を勧め、老後資金を自助努力で確保するよう国民に呼びかけています。このままいけば将来、生活保護世帯だらけで財政が破綻するからです。しかし、いざ投資をするべく、株式よりも安心感があると喧伝(けんでん)される投資信託を買おうと銀行や証券の窓口に行けば、手数料の高い投信ばかりを勧められてカモにされます。

販売手数料で2〜3％、信託報酬手数料で毎年1・5％取るような高額手数料の投資信託を売りつけられるのです。退職金で1000万円を投資しても、買った時点で30万円取られ、毎年15万円もかすめ取られます。毎年5％以上の高利益がコンスタントに出なければマイナスになるわけです。こうして客は損ばかりさせられます。たまに含み益が出ている投信があれば売却させ、手数料の高い他の投信に乗り換えさせ、回転売買で客を転がします。2018年3月末時点での金融庁の調査によれば、銀行窓販（窓口販売）の投信を買った客の46％が含み損を抱えさせられていたのです。

また、政府は「少額投資非課税制度」を導入し、14年から期間5年の一般NISA(ニーサ)、16年から期間5年のジュニアNISA、18年から期間20年の「つみたてNISA」を始め、24年からは期間5年の新NISAを始める見込みですが、投資の基本が「長期・分散・積立」であるのに対し、５年間しか非課税期間がない制度設計でアベコベなのです。

購入時手数料もなく、アクティブ投信でさえ低額手数料で、口座管理手数料も、解約手数料すら認められないため、銀行や証券会社はメリットがないのでＮＩＳＡを積極推奨しません。最初の一般ＮＩＳＡで高齢者を中心に盛り上がっただけで、以降は萎んでいるのです。政府が制度設計すると、あちこち矛盾が重なっておかしなことになるわけです。

さらに政府は、確定給付型（将来受け取れる額が決まっている）の企業年金の運営が難しくなっているため、毎月の支払いは定額でも、受取額が定まらない個人型のｉＤＥＣＯ（イデコ）（確定拠出年金制度）を公的年金の上乗せ制度としてスタートさせています。しかし、こうした制度の拡充は、まさか将来の公的年金制度まで、確定拠出型に移行させる腹積もりではないのかと、いろいろうがった見方も出るゆえんです。

「投資」は自分で十分研究する以外にない

ざっと見てきましたが、十分に研究したうえで投資に乗り出さないと、カモにされるだけです。

赤の他人があなたを儲けさせてくれるなどと思って信用したらオシマイなのです。

2──なぜ投資に「失敗する人」が多いのか？

人には「損失回避」という本能がある

「値上がりしそうだ」と予想した銘柄の株を購入したら、値下がりし始めた──といった場面がよくあります。

こんな時、多くの人は、損切りで売却するのを忌避し、「そのうち、また上がるはずだ」などと希望的観測で様子見に入ります。その後ズルズル値下がりするのを見続けて、ついには売るに売れない「塩漬け株」にすることがよくあるのです。投資したお金も低額のままにロックされ、他の有望株を見つけても、投資の余裕がなくなっている状態です。

なぜ、こうした行動をとってしまうのでしょうか。

それは、人が「損失を回避したい」本能に支配されているからです。

「10％値下がりしたら損切りして売る」とルールを決めていても、売却で10％の「損失額」を確定したくないため、売りたくなくなるのです。

これが有名な「プロスペクト理論」です。「損失回避の法則」とも呼ばれます。

人は、目先で株が10%値上がりしただけでも、早く売って利益を確定したくなり、10%値下がりした時には、今度は「損失」を確定したくないので売りたくなくなるのです。

この理論は、２００２年にノーベル経済学賞を受賞して一躍脚光を浴びた行動経済学者で、プリンストン大学のダニエル・カーネマン教授が実験で明らかにした法則です。

たとえば、ギャンブルで損失が大きくなるとイチかバチかの大勝負に出たくなるのも、赤字続きの事業をなかなかやめられなくなるのも、この心理が背景にあるからです。

株式投資の初心者は、大抵この「プロスペクト理論」に呪縛されているといわれます。

「長期・分散・積立」でリスクを小さくする

前述のように投資の王道は、「長期・分散・積立」です。株式投資の初心者は、目先の利益を追おうとして、四六時中株価が気になって頻繁に売買を繰り返しがちです。

一日中、株価ボードを眺めていられるデイ・トレーダーでもない限り、こうした短期売買ではリスク大となり、なかなか利益は上げられません。往々にして、「プロスペクト理論」に呪縛されます。

投資はじっくり腰を定めて行わないと、うまくいかないものなのです。

自分の置かれた環境や気質に合った「投資」を見つける

投資を始めたいと考える人は、自分の置かれた環境にも注意が必要です。本業が忙しすぎる人は、投資には向かないからです。

投資を始める前に、自分の人生観やライフスタイルをよく考えて、それに見合った、どんな投資があるのかを十分な時間をかけて研究しておくことが大事だからです。

投資には、株式、ＥＴＦ、投信、債券、クラウドファンディング、ＦＸ、不動産など、いろいろな種類があります。自分に合わない投資は、研究もなおざりになるのでＮＧでしょう。

「卵を一つの籠に盛るな」という有名な格言もあります。

全財産を一つの投資に集中させたり、借金で一つの投資に賭けるというのも、投資をギャンブルに近づけてしまいます。

昔、中国から東南アジアに散っていった華僑の人たちは、無一文から中華料理の屋台を出して金を稼ぎ、やがて投資のタネ銭を稼いでから、「財産三分法」に従って、「ゴールド（もしくは現金）・株式・不動産」などの3つに分けて投資して財を築いたといわれます。

十分なタネ銭を蓄えたのちに、余裕資金で投資に乗り出したいものです。投資の王道

「長期・分散・積立」を忘れないことです。

これが最もリスクを小さくさせるからなのです。

「72の法則」を念頭に置く

「72の法則」も覚えておきましょう。複利で元本が2倍になる年数がわかります。投資利回りが3％なら、「72÷3＝24」なので、元本が2倍になるのに24年かかります。5％なら、「72÷5＝14」なので、14年です。7％なら、「72÷7＝10」で10年、10％なら、「72÷10＝7」で7年です。

また、単利で元本が2倍になる利回りを求める場合には、「100の法則」を覚えておくとよいでしょう。7％なら「100÷7＝14」なので、14年かかります。

このように、同じ7％の利回りでも、複利なら10年ですが、単利では14年と、4年もの大きな差が開くことがわかります。

今の普通預金金利は、0.001％です。「72の法則」に当てはめると「72÷0.001＝72000」です。普通預金に入れた元本が2倍になるのに、7万2000年もかかるということになります。投資の研究と実践が、いかに重要なものであるかがわかります。

3――なぜ投資詐欺の被害に遭う人が多いのか？

多くの人が騙されている現実

怪しげな投資話を信じて騙され、虎の子の大金を奪われる人が続出しています。

ちなみに、面識のない相手に電話やメールでアプローチして騙す、いわゆる「オレオレ詐欺」「振り込め詐欺」「還付金詐欺」などの特殊詐欺の平均被害額は、大体200万円前後ですが、投資を謳った利殖勧誘詐欺の平均被害額は、概(おおむ)ね600万円前後にのぼります。

ニュースなどで、さまざまな詐欺事件が報じられるたびに、「何でこんなバカな話に騙される人がいるのだろう」と首を傾げる人がほとんどでしょうが、騙される人は後を絶ちません。過去の大きな投資詐欺事件を見ると、その被害者総数、被害総額には驚かされます。

07年摘発の「平成電電」……NTTの電話回線など利用の投資商品で、10％以上の高利回りを謳い、テレビCMも展開。1万9000人から490億円を集めて破綻。

07年摘発の「近未來通信」……ＩＰ電話のサーバーを購入し中継局オーナーになれば高配当が得られるとし、３０００人から４００億円を集めて破綻。

08年摘発の「ワールドオーシャンファーム」……フィリピンでのエビ養殖事業を謳い、３万５０００人から８４９億円を集めて破綻。

09年摘発の「Ｌ＆Ｇ」……年利１００％の疑似通貨「円天」を宣伝。豪華パーティーなどで客を信用させた。

11年摘発の「夢大陸」……架空外債を販売し、４００人から67億円を集めて破綻。

11年摘発の「安愚楽牧場」……和牛預託で７万３０００人から４２００億円を集めて破綻。高配当の預託商品や金融商品をマルチ商法的に展開し、３万１０００人から５４０億円を集めて破綻。

17年摘発の「ジャパンライフ」……高額の健康グッズを購入すれば年利６％になるというマルチ商法的詐欺で、約１万人から２１００億円を集めて破綻。

業者を頼った「お任せ投資」は自転車操業で行き詰まる

こうした投資詐欺は、「高利回り」や「元本保証」を謳っても、業者に任せる投資です。投資金を次々回す自転車操業ゆえに行き詰まるのです。世の中にうまい話はないのです。

さまざまな「認知バイアス」に導かれる

なぜ、こうした高配当や元本保証を謳った投資詐欺にやすやす引っかかるのでしょう。それは、儲かりたいという「欲望」を刺激されるからです。投資の中身への信憑性を疑わせないようにする過程には、宝くじを買う人の心理と同じく「認知バイアス」がはたらくのです。

はじめは怪しげな投資話に思えても、すでに投資して儲かっている人が大勢いるのを見たり、多くの人が新規に参加するのを見て、自分も参加してみようかと考え始めるのは「集団同調性バイアス」になります。そして、「こういう投資に出会った自分はラッキー」と思いたくなるのが「感情バイアス」です。この楽観的な心理には、都合の悪い情報はあえて無視しようとする「正常性バイアス」もはたらいています。

そして、実際に高配当が入ると、「やってよかった」という「確証バイアス」がはたらき、さらに投資を途中で止めると損するように感じ、続けなくてはと思うのが「喪失不安バイアス」です。さらに、自分にはツキがあると思い、追加投資するのは「正当化バイアス」になります。こうして、ズブズブと詐欺被害の罠にはまっていくわけです。

警察庁の詐欺被害者へのアンケートを見ても、「自分は騙されない」と思い、「自分だけは大丈夫」と考えていた人が95％にも及んでいるのです。

オイシイ話は相手にとってオイシイ話

近年は、未公開株、社債、仮想通貨、海外不動産、私募ファンド、太陽光発電、CO_2排出権取引、水資源利用権、鉱山採掘権、海外ファンドなどにまつわる投資詐欺が増えています。

「絶対儲かる」「安心安全の元本保証」などと儲け話を聞かされたならば、本来なら、「へえーっ、それはすごいね。そんなに儲かるなら、他人に教えないで自分一人でやって儲けなさいよ」というべきでしょう。それが理性的な大人の態度というべきだからです。

他人が自分を儲けさせてくれるなどと、ゆめゆめ思ってはいけません。

そもそも銀行や証券会社でさえ、平気でお客を犠牲にして自分たちの利益を図ります。投資は自己責任です。高利回りの商品のほうから、あなたのところへ飛び込んできてくれる――などということは、まずありえないと思わなければいけません。

ドイツの文豪ゲーテが語った、次の言葉を肝に銘じたいものです。

「他人に騙されることは決してない。自分に騙されるのだ」

4――なぜ「米国ゼロクーポン債」が安心なのか？

未来の「恒常的な円安」を見越した安全性の高い投資

日米欧の金融政策はいずれもゼロ金利を採り入れています。金利差が縮まったせいで、アベノミクスでせっかく円安誘導を図ってきたのに、コロナ禍の中、ひと頃よりも円高傾向に振れる局面がしばしば見られるようになりました。しかし、日本の将来の国力衰退を見通すと、長期では円高よりも円安に傾くと見るのが妥当でしょう。

ところで、証券会社が、手数料が安すぎて儲からないため、お客に勧めないのが「米国ゼロクーポン債（ストリップス債とも呼ばれる）」です。しかし、こんな円高傾向の時こそ、お客にとっては将来の「自分年金」を作るうえで、米国ゼロクーポン債は検討に値する投資となるのです。ゼロクーポンと呼ばれるのは、通常の債券と異なり、クーポン（利息）が付かない国債だからです。債券の額面価格より発行時の価格を低くして発売される割引債なのです。

そして、満期時までの額面価格と流通価格との差が利回りに相当してきます。

つまり、満期時に初めて額面価格で戻ってくるわけです。

米国債は、低コスト、低リスクで、世界最強の債券です。

これを円高の時に買い、満期時に円安になった時に償還させれば、利回り以上に為替差益でもトクをするわけです。将来の日本の衰退に備えた投資法といえます。

円安になるほど将来の手取りが増える

世界的低金利で、米国ゼロクーポン債の利回りも、ひと頃より大分下がっていますが、日本国債と比べれば、まだマシです。

２０２０年８月27日午前９時時点の既発の米国ゼロクーポン債の利回りを見てみましょう。２０３１年２月15日償還（残存期間10年５ヵ月）の「米国ゼロクーポン債」は、９５０３ドルで購入できて利回り０・４８％です。１ドル１１０円換算で単純計算すると、日本円で１０４万５０００円で購入し、約10年後に１万ドルで償還されるので、その時１ドル１２０円になっていれば、１２０万円になって戻ります。

１２０万円マイナス１０４万５０００円なら、15万５５００円の差益を得た勘定です。約10年後に、１ドル１３０円なら、25万５０００円の差益になります。

今は投資のよいタイミングではない

しかし、予想と違って、約10年後の償還日に、1ドル100円の円高になっていたらどうでしょう。104万5000円で購入したのに、1万ドル＝100万円が償還されて、単純計算で4万5000円も損をしたことになります。為替差損が生じるわけです。

こういう事態にならないためには、米国の金利が高くて、円ができるだけ高くなったタイミングで購入するのが一番よいことになります。金利が高くなるということは、それだけ米国ゼロクーポン債の購入価格が低くなるからです。したがって、じつは現在のタイミングは、米国ゼロクーポン債投資を行うタイミングとしては「微妙」といえるのです。

今後しばらくの間は、米国の金利も上がらないでしょうが、ただし、円が100円に近づいたり、100円を割って90円台に突入することがあれば、投資に乗り出しても悪くはないでしょう。安く買えて、将来の円安での為替差益が狙えるからです。

つい2年前（2018年10月）までは、米国ゼロクーポン債の利回りも、残存2年物でも2・14％の利回りがあったのです。残存10年物でも2・96％もありました。

残存25年ものなら3・14％と年利回りは3％を超え、4537ドルで購入できました。当時の1ドル112円換算だと約51万円です。51万円で購入していた場合なら、たとえ25年後に１ドル１００円の円高になったとしても、１万ドル＝１００万円で償還されるので投資金額が2倍になっています。これなら為替の影響もほとんど感じないといってよいでしょう。もし、25年後に、１ドル１２０円になっていたら、投資額の２・５倍の差益です。１ドル１４０円になっていたら、投資額の２・７４倍の差益にもなったのです。つい２年前までは、こうした割引債ならではの投資妙味も、まだまだ出ていたわけです。

ちなみに現在は、ドル建て利息付のソブリン債（外国政府がドル建てで発行する国債）のほうが利回りでは勝っています。

日本の円安はやがて本物となるはず

ぜひ、この仕組みを覚えておいていただき、今よりもさらに円高になったら、年に30万円、40万円と、米国ゼロクーポン債投資を検討してみてもいいかもしれません。

毎年のように、10年後か20年後償還の米国ゼロクーポン債投資を続けていけば、将来のある時点から、「自分年金」としての収入が毎年もたらされます。日本の人口は減り続け、ＧＤＰも下がっていきます。

きっと、今より大幅な円安が待っていることでしょう。

5——なぜ今「小口化投資商品」が人気なのか？

クラウドファンディングの時代が到来！

小口化投資商品が人気を呼んでいますが、一番お馴染みなのは、上場不動産投資信託のREIT（リート）でしょう。上場投信なので流動性が高く換金しやすい小口投資の代表といえるからです。配当原資が不動産の賃貸料で、利益の90％が配当に回されるため、比較的安定したパフォーマンスが期待できる投資として昔から人気がありました。

新型コロナによるオフィスや商業施設、ホテルなどの需要減退が嫌気され、利回りが下がりましたが、それでも平均で4％台を保ち、銘柄によっては7％超えのものまでありますす。10万円以下から投資できる銘柄もあり、信用取引でレバレッジをかけることもできます。実物の不動産投資は金額が嵩（かさ）みますが、REITによる小口化投資ならリスクも限定的ゆえに、それが人気の理由だったのでしょう。

ところで、近年小口投資の概念が大きく変わってきました。インターネットのクラウド（群衆）を利用した小口化投資の機会が増えてきたからです。クラウドファンディングと呼ばれる小口化投資のプラットホームが次々生まれ、２０１４年は２００億円程度の規模と推定されたのが、倍々ゲームで増え続け、20年には、ゆうに２０００億円を超えたと見られます。そもそもクラウドファンディングには概ね３通りあります。金銭的見返りのない「寄付型」、何らかの権利や物品が得られる「購入型」、そして金銭リターンが目的となる「投資型」です。もちろん、ここで取り上げる「小口化投資」のクラウドファンディングは、当然ですが「投資型」になります。一般社団法人日本クラウドファンディング協会の調査によれば、「寄付型」と「購入型」の市場規模は、２０１９年の１年間で１６９億円だったものの、すでにそれ以外の大部分が「投資型」になっているのです。

元本保証はないがＲＥＩＴより利回りが高い

「投資型」のクラウドファンディングには不動産や事業に投資するもの、事業に融資を行うもの（ソーシャルレンディング）に大別されますが、元本保証はないものの、いずれも利回りが高く平均５％台で、５〜７％というのが主流です。

大手企業がつくるプラットフォームなら安心感も高く、１万円程度から始められるため人気を呼んでいるのです。

「投資型」クラウドファンディングはいろいろ

まずは、ここで簡単に見ておきましょう。

「投資型」のクラウドファンディングを、不動産や事業プロジェクトに投資するものがあります。

自社が企画・開発したマンションや物流施設、商業施設に投資する案件では投資期間が半年から1年で、利回りは3～5％台が主流です。優先劣後（ゆうせんれつご）方式で、万一運用に失敗しても20～30％は資金が戻る保障がついています。

Rimple（リンプル）というプラットフォームの利回り平均は5％、運用期間は6カ月前後です。事業プロジェクトに投資するプラットフォームには、CAMPFIRE Owners（キャンプファイアー オーナーズ）があります。利回りは4～8％、運用期間は1年から1年半です。

また、ベンチャー企業の未公開株に投資するクラウドファンディングもあります。

プラットフォームにはFUNDINNO（ファンディーノ）、Unicorn（ユニコーン）、イークラウドなどがあり、通常一般人が未公開株を入手するチャンスはありませんが、取得した未公開株が将来ＩＰＯ（株式公開）やM&Aにこぎつければ高いリターンが望めます。日本では、２０１９年に90銘柄が株式を新規公開していますが、85％以上の銘柄が公募価格を上回りました。ただし、未公開株のクラウドファンディングは、必ず上場する保証はなく、未配当や廃業などハイリスク・ハイリターン投資という覚悟は必要です。

ソーシャルレンディングは比較的利回りが高い

続いて、海外向けの途上国の貧困や環境問題、農業などの社会問題の解決支援を行うプロジェクトや、太陽光発電事業や海外プラント事業建設などのプロジェクトへ融資するクラウドファンディングがあります。正確にはソーシャルレンディングという仕組みですが、利回りは4％台から、11％台と非常に高いものがあるのが特徴です。もちろん、1万円の少額から投資できますが、想定利回りの4～6％だと、1万円を投資して400～600円の利益で、振込手数料や払込手数料があると利益が消えます。

その点、ソーシャルレンディングのプラットフォームであるSBIソーシャルレンディング、Ｆｕｎｄｓ（ファンズ）、クラウドクレジットなどは、口座開設手数料、口座管理手数料、ファンド購入手数料、払い戻し手数料などのかなりの部分が無料です（SBIソーシャルレンディングとＦｕｎｄｓはすべて無料）。

こうしたクラウドファンディングの仕組みは、日本での認知度はまだ低いのですが、中国や米国での認知度は高く、利用も広がっています。

6——なぜ米国の中古不動産投資がブームなのか？

富裕層は税金や社会保険料を極力回避したい

ここ数年、大手不動産会社が展開する「米国不動産投資」が富裕層の間でブームでした。しかし、今後は情勢が変化します。２０２０年度税制改正で、米国不動産投資の「節税スキーム」が封じられるからです。年収の高い富裕層は、高い所得税や住民税の支払いを忌避するべく、第4章の「なぜ『高額所得者』ほど節税できるのか？」で紹介の通り、所得を圧縮して税金を減らすべく「損益通算」という手法を駆使しています。

所得税は累進課税で、課税所得１８００万円以上４０００万円未満は、所得税率40％、４０００万円を超えると最高税率の45％が適用されるなど、税負担が重いからです。

米国の木造一戸建て住宅は4年で減価償却可だった

不動産の減価償却で、法定耐用年数が一番短いのが木造建築の22年です。

しかし、米国には、築50年や１００年超の木造一戸建住宅がそこら中にあり、日本と違って手入れをしていれば価格は落ちずに上がります。中古住宅の流動性は9割もあり、新築は1割しかないからです。土地は安く物件価格の2割程度なのです。そんな中古一戸建を、テキサス、ジョージア、オハイオなどで仕入れ、修繕リフォームして3000～5000万円で日本人富裕層に販売し、賃貸管理から5年後の売却（長期譲渡所得の適用には正月を6回経過が必要）まで請け負っていたのが、前述の大手不動産会社でした。

法定耐用年数の22年を超える木造建築物を購入した場合、減価償却する時は4年で償却可能です。5000万円の物件なら、8割の住宅価格4000万円を4年間で費用計上できますから、1年で1000万円の減価償却ができます。

課税所得1500万円の人なら、所得税と住民税の合計税負担率は43％になり、控除後でも491万円の税負担ですが、米国の物件の年間家賃収入200万円を加えても、課税所得は1500万円マイナス800万円ですから課税所得は700万円に減ります。所得税と住民税の合計も33％になり、控除後の所得税と住民税の合計税負担は167万円で済みます。325万円も税負担が軽くなり、おまけに社会保険料負担も225万円から105万円に軽減されるのです。税と社会保険料の合計で年間445万円もトクをするから、この「節税スキーム」は、非常によい投資法だったのです。

米国不動産投資はそれでも有望

家賃収入よりもはるかに大きな赤字が生まれ、日本での所得軽減にも大きく役立ったのが米国不動産投資だったのですが、今後はどうなるのでしょうか。

節税スキームが使えなくなっても、米国不動産投資の妙味がなくなるわけではありません。日本は1億2000万人の人口が2050年には9700万人（20％減）に減りますが、米国は3億2000万人の人口が4億200万人（25％増）に増えます。不動産価格もリーマン・ショック以降年率4％ずつ上昇し、賃料もそれに伴い上がってきました。通貨の分散投資も兼ねた理想的な不動産投資の環境が望めるうえに、日本での不動産投資と違って、キャピタルゲインもインカムゲインも見込めるわけです。米国不動産投資は、日本よりはるかに有望ゆえに、今後も日本の富裕層が狙っていくのは間違いないでしょう。

過去の「節税スキーム」が封じられてきた

ところで、「節税スキーム」は、次々と生み出されますが、「節税」だけを狙っての投資は大変危険です。税制改正で次々潰されてきたからです。過去に封じられた有名な「節税スキーム」をここで見ておきましょう。

たとえば、相続税を払わなくてすむ海外移住は、２０１７年から移住期間5年から10年に延ばされ、相続税の無いイタリアやカナダ、オーストラリアやニュージーランド、スウェーデンやマレーシア、シンガポールに移住する意味が薄められました。

マンション一棟物投資では、建物価格1億円に対する消費税が１０００万円もかかります。そのため、法人を設立して課税業者の届け出をし、初年度の賃貸収入（住居は非課税のため）を計上せずに済むよう建築期間を調整し、その間工事現場に自販機を設置していれば、消費税１０００万円の還付がほぼ受けられるスキームがありました。しかし、２０１０年の税制改正で、３年後の課税売上が5割以下に減れば還付の消費税を返さなければならなくなり、封じられました（3年後は入居者の非課税家賃収入が大幅に増える）。金の売買を繰り返す手法もまだ続いていますが、金価格の変動もあり、そう簡単ではありません。

ところで相続税を少なくするための「節税スキーム」では、被相続人の父が子どもに年間１１０万円までの無税生前贈与を行い、子どもが父親を加入者とする生保契約を結び保険料を支払う形なら、相続時に相続税ではなく所得税を支払うだけなので、課税対象額が圧倒的に少なくなる手法があります。

これはまだ使えますが、証拠を残すのが手間でしょう。

7――なぜ「メガ大家さん」は危険なのか？

「家賃年収1億円」などと聞くと驚嘆する

「メガ大家さん」とか「ギガ大家さん」という言葉を聞かれたことがあるでしょうか。

マンション一棟物など、不動産投資の規模が10億円以上の家主さんに対して、驚異と畏怖の念を込めて使われる言葉です。こんな人たちは、家賃年収が1億円とか、9000万円などと標榜していますから、思わず「すごい人たちだ」と思われる方も多いでしょう。

書店の投資本コーナーに行くと、そんな大家さんたちが書いた不動産投資本が沢山並んでいるのです。一見「成功者」に見えますが、不動産は借金を返し終わっていなければ、あくまで発展途上の投資家にすぎません。不動産投資は出口に到って初めて、どれだけ成功したかがはっきりするからです。

長年の不動産投資経験のある大家さんからいわせると、「危ない投資法」として危惧されるのが、こうした「メガ大家さん」であり、「ギガ大家さん」なのです。まさしく低金利時代だから成せる投資法であり、資産が10億円といっても、そのほとんどが負債だから

「危ない」のです。バランスシートの貸方には、負債として10億円以上が記載され、純資産は限りなくゼロに近い人も少なくないからです。不動産は投資額が大きいため、どうしてもレバレッジを利かせるケースが多くなりますが、極限までレバレッジを利かせたのが「メガ大家さん」「ギガ大家さん」なのです。

不動産投資は、「時間を味方」につけて負債を減らし、純資産を積み上げます。つまり、本来は20～30年かけて、少しずつ、資産形成を図るべき投資なのですが、「メガ大家さん」「ギガ大家さん」の多くは、その期間をできるだけ短縮しようと、レバレッジ極大で臨むのですが、途中でアクシデントがあると出口にまで到れないでしょう。

「事故物件」になるとアウト

利回り大にするため、地方物件が多い「メガ大家さん」「ギガ大家さん」ですが、地方では人口減少、家賃下落のリスクも高くなります。所有する物件で「孤独死」「自殺」「殺人」などが発生すれば「事故物件」です。事故物件公示サイト「大島てる」に載れば、「永久事故物件」で空室だらけになるかもしれません。

破産の危機と背中合わせの「運任せの投資法」にすぎないからです。

空室が増えれば破綻する「投資スキーム」

では、借金10億円の投資で、築20年のマンションを購入（鉄筋コンクリートの法定耐用年数は47年）、そこから満室で1億円の家賃年収が得られるケース（利回り10％）で「メガ大家さん」になった場合の収益シミュレーションを行ってみましょう。

まず、頭金ゼロとして10億円を金利3％の投資用ローンで、物件の残りの法定耐用年数27年間で借りると、年間返済額は5535万円になります（総返済額は14億9469万円）。保守管理や固定資産税などの経費率15％と年間空室率8％を合わせると、23％の諸経費率で2300万円です。1億円の家賃収入から、これらの合計7835万円を引くと、税込みの利益である手残りは2165万円です。

「メガ大家さん」は法人経営なので、法人税の実効税率を29・7％とすれば、実質年収は2165万円マイナス税金643万円で、1522万円になります。

1522万円の実質年収は、サラリーマンの立場の人から見れば大きいかもしれませんが、事業収入としては微妙です。月収126万円だからです。

10億円の投資に対して、1522万円のリターンですから、利回りは1・522％しかないのです。利回り4％の上場株式を10億円分保有すれば、年間4000万円の配当が得られますから、あまりにも利回りが悪すぎるのです。

大規模修繕など行えば、軽く1500〜2500万円ぐらいかかるので、年収が飛んでしまいます。空室率が20%になっただけで、税引き前の年収はたったの165万円になります。税引き後の手取り年収は115万円で、月額たったの9・6万円です。

いかに危険な投資なのかが、すぐにも浮き彫りになるでしょう。

出口はますます見通せなくなる

30年以上前のバブル期以前は金利が10%近くあり、物件価格も高く、家賃収入の表面利回りも2〜3%しかありませんでした。ゆえに「メガ大家さん」が生まれる余地はなく、「メガ大家さん」のような投資は、日銀のゼロ金利政策が招いた「徒花の投資」といってよいのかもしれません。

2022年以降、東京で東京五輪の選手村として使用後のHARUMI FLAG（ハルミフラッグ）が5600戸も売り出されます。また生産緑地だった農地も一斉に宅地として売り出されます。当然ですが東京の地価は下落してその影響は地方にも及びます。

人口減少の影響は大きく、とても20年後、30年後の出口は見通せないのです。

8——なぜ有名アスリートは引退後に破産するのか？

米国4大スポーツのアスリートは7、8割が破産

米国のＮＢＡ（ナショナル・バスケットボール・アソシエーション）で活躍した選手は、引退後の5年以内に60％が破産するそうです（08年のＮＢＡ選手会データ）。50歳までだと、90％の元選手が破産するといわれます。まことに悲惨なのです。

選手の34％が貧困家庭出身ということとも関係がありそうです。上手なお金の使い方を覚えることなく成長し、大人になったら急に大金が入るようになり、無尽蔵にお金が湧き出る感覚に陶酔してしまったからかもしれません。

ＮＢＡ選手の平均年俸は、７１５万ドル（7億６０００万円）です。選手としての平均寿命は4～5年と短く、現役での平均獲得収入は約２５００万ドル（26億５０００万円）です。しかし、トップクラス級の選手でないと、引退後のＣＭ収入などは期待できず、多くのアスリートが無収入になるようです。

米国の４大スポーツに称されるベースボール（平均４４７万ドル）、アイスホッケー（平

均311万ドル）、アメリカンフットボール（平均270万ドル）などと比べても、最も年俸が高いのがNBAなのです。選手寿命が短いので、沢山稼いでおかないと困るからなのでしょう。

じつは、5年で破産する確率は、NBAよりも、メジャーリーグやアメリカンフットボール、アイスホッケーのほうが高く、約7、8割に及ぶというのですから驚きです。

破産の原因は、現役時代と同じような豪華な放蕩(ほうとう)生活を続けるからですが、酒や麻薬に溺れたり、離婚で莫大な慰謝料を払ったり、投資や事業に失敗という事情も含まれます。

NBAでは、引退後の選手に対し、マネーコントロールの教育を施しているのですが、効果を上げているとはいえません。米国では元アスリートの破産は恒例のことで、もはや珍しい出来事ではなくなっています。

収入より支出が莫大だからストックが激減する

宝くじで1億円当たって自己破産に追い込まれた人と、元アスリートの自己破産は共通するものがあります。贅沢な暮らしや、欲しいものを無分別に買うといった行動で、蓄えがどんどん減っていくからです。収入がないのに支出が過大なので破産に到るわけです。

負けず嫌いの「見栄っ張り」競争

米国の4大スポーツのアスリートたちは、現役時代から派手な生活を送ります。ロッカールームには億万長者の選手ばかり、そこで豪華な暮らしぶりが競われるからです。いずれの選手も卓越した運動能力を発揮し、プロ選手にまで這い上がってきた「負けず嫌い」の一流選手たちです。誰かがスーパーカーを買えば、自分も高級なクルマを買ってお互いに自慢し合うのです。見栄を張るのは、「自己拡張」の心理です。贅沢な品を身に着けることで、自我が大きくなった気分になるので心が満たされます。

選手生活が短いことに思いが到らず、こうして張り合うばかりなので、計画的な貯蓄や投資に目が向かなくなるのです。

収入がなくなった引退後も、現役時代と変わらない放蕩を続ければ、破産はすぐに迫ってきます。貯蓄が尽きれば、次々借金に走ることとなり、返済の当てもないため、やがて引退後の5年以内に多くのアスリートが破産してしまいます。

アメリカの破産は「新しいスタート」

米国で破産するのは、アスリートだけではありません。

ミュージシャンのマイケル・ジャクソンは、亡くなる数年前から借金額を膨大に増やし、破産寸前でした。負債は４００億円にものぼったそうですから、超弩級の借金額です。

エルトン・ジョンは、一時期２００億円以上の資産があったものの、アルコール中毒や薬物依存などに苦しみ、54歳の時に文無しとなって自己破産しています。また、ビリー・ジョエルは、３回も自己破産しています。

ボクシングの元ヘビー級チャンピオンのマイク・タイソンも現役時代に２３０億円稼いだといわれましたが、37歳の時に20億円の借金を抱えて自己破産しています。

米国大統領のドナルド・トランプでさえ、事業で4回、個人で2回も自己破産しています。そのたびに、税金逃れのための破産ではないかと疑われているのです。

米国では、一般人の自己破産の理由で一番多いのが「高額な医療費が払えない」というものですが、アスリートやセレブの自己破産は、ほとんどが贅沢三昧での放蕩によるものです。日本では、自己破産は暗いイメージですが、米国では「新しいスタート」という意味合いが強いのも事実です。金が尽き、借金が膨らんで返せないから破産も仕方ないという開き直りのようです。６回も破産した人が大統領になれる国だけに、懐も深いのです。

9――なぜ「自己投資」でボッタクリに遭うのか？

安易に「自己投資」などと口にしてはいけない

人生の3大イベントとして、「受験（学校選択）」「就活（一流ホワイト企業へ）」「婚活（安定した人との結婚）」を挙げる人は少なくありません。しかし、こんな大きなイベントを前に控えた時、急に不安になり悩みだす人も多いのです。「自分には特別秀でたものがない」といった引け目を感じ、自分の適性がわからなくなり、みるみる迷いが生じるからです。

そんな自信を失った時、頭に思い描きやすいのが「自分磨き」「自己投資」「自分探し」といった安易なキーワードでしょう。そして続けて考えるのが、他人との比較です。

心理学の「ハロー効果（後光効果）」をご存じでしょうか。

高学歴や一流企業勤務といった属性、大手企業役員や資産家といった肩書、英語力やITスキルが高いといった能力、容姿端麗といった外見など、人は際立った特徴があると、後光が差したかのようにその人全体が輝いて見えるものです。ちなみに、これらの中では、美男美女といった容姿の「ハロー効果」がとりわけ強力といわれています。

そして、自信がない時ほど、こういう人たちと自分を比べ、その差に愕然となるのです。

こんな時、ますます、「自分磨きをしなくちゃ」という気持ちが強まります。

そして、こうした状態の人を待ち受けるのは、不安解消をアピールする数多のボッタクリ業者に他ならないでしょう。怪しいマルチ商法的な「自己啓発セミナー」だけではありません。「偏差値35からの難関大学合格！」「個別責任指導」などと宣伝する塾や予備校、「一流ホワイト企業内定保証付き」などと大学生向けに説く就活塾や就活セミナー、「セレブ・高収入エリート専門」などをアピールする結婚相談所や婚活セミナーなどがあります。

こうした業者の他にも、人の悩みに付け込むビジネスとしては、占い師、前世や守護霊を見るスピリチュアリスト、極め付きは美容外科での整形などがあるでしょう。

ボッタクリ商法のカモになる

とにかく何かが不安な人、悩める人は悪徳業者のカモになります。「自己投資」によるリターンを強調され、騙されやすいからです。要は沢山金を払えということなのですが、そもそも、「自分磨き」などと口にすることが「私はカモです」というに等しいのです。

「バーナム効果」の罠にはまる

誰かをカモにしてお金を奪おうとする人は、相手のことをよく知り、理解している風を装い、自分のことを権威づけます。「君はやればできる人間」「君は能力の半分も発揮していない」などと抽象的な知ったかぶりを披露し、説かれた側は、その抽象的な言葉を、自分が経験してきた具体的な事例に勝手に結び付け、「そうかもしれない」などと同調しやすいからです。

これは、占い師が「本当のあなたは孤独だ」「お金の悩みがありますね」などと抽象的な当たりをつけ、誰にでも当てはまることをいいながら、客の反応を見て、自分を「当たる占い師」と思わせていく「バーナム効果」という手法と同じです。

「自己投資」「自分磨き」などは「投資活動」と同じ

実際、「自己投資」「自分磨き」「自分探し」などのキーワードは抽象的です。今さら、何をすれば、どこを磨けば目標に到達できるやら、迷路にはまります。

そして、手っ取り早く、努力を放棄して「美容整形」すれば、容姿がグレードアップして自信がもて、就活や婚活にも役立てられる気がしてきます。ただし、プチ整形ぐらいでは効果も薄く、だんだん整形のヘビーユーザーになりがちなので気をつけましょう。

ともあれ、「美貌格差」はアピールしやすいのです。実際、美男美女はチヤホヤされるのを誰でも知っているからです。テキサス大学のダニエル・S・ハマーメッシュ教授は、外見が平均より上の女性は、生涯収入において平均女性より８％収入が多く、平均より下の女性は４％少ないという研究を発表しています。外見が平均より上の男性は、平均男性より４％生涯収入が多く、平均より下の男性は13％も生涯収入が少なかったといいます。

しかし、米国は肥満も多く、美貌基準も曖昧なのです。こんな調査は、ボッタクリだらけの美容外科業界を喜ばすだけの研究ともいえます。診療科目別の医師の平均年収で美容整形外科医は勤務医でも２０００万円超でダントツですが、安い料金を提示して客を集め、実際は高額料金をふっかけるボッタクリ商法です。整形しても容姿は年齢とともにすぐにも劣化します。誰でも平等に老化するのです。にわか仕立ての「自己投資」は罠にはまるだけです。「自己投資」にしろ、「自分磨き」にしろ、自分への投資はたしかに重要ですが、一般の投資と同じく、こうした「他人任せ」ではうまくいかないものなのです。

「自己投資」や「自分磨き」においても、他の投資と同じく「長期・分散・積立」の方針で行うからこそ、内面も磨かれていき、人生はうまくいくようになるからです。

おわりに

世の中の巧妙なお金集めの構図を見抜く

最後まで、お読みくださり、ありがとうございました。

知っていたこと、知らなかったこと――。

その区分がはっきり、明確になった。

曖昧だった事柄への理解が進み、新しい視点が開けた――。

こんな感想をおもちくださったのなら、著者として嬉しい限りです。


世の中とは、お金がぐるぐる回っている社会のことです。

お金は、経済の血液ともいわれます。

世の中の「ウラとオモテ」「本音と建前」は、お金を巧妙に集めるための構造にすぎません。大義名分の「錦の御旗」に隠れて、つねにこの集金装置がはたらいているのです。

これからの私たちは、騙されてお金を余計に払わされたり、狡猾に奪い取られることのないよう、物事の本質、真実の姿を見極めてから、行動していきたいものです。

経済社会は、複雑に入り組んだ構造で、本質や本音を見えにくくしています。

それは、取りも直さず、私たちを「知らないうちにうまく罠に嵌める」ための仕掛けにすぎないからです。

本書を通して、「もう騙されないぞ」といった意識を高めていただけたことと思います。

認知バイアスを撥ねのけて、冷静で合理的な思考習慣によって、今後は新しい人生の扉を開けていただけることと確信しています。

それでは、またお目にかかる日を楽しみにしています。

著者

【主要参考文献】

『戦前・戦時期の金融市場』（平山賢一著・日本経済新聞出版刊）
『経済学を学ぶ』（岩田規久男著・筑摩書房刊）
『ファスト&スロー（上下）』（ダニエル・カーネマン著・村井章子訳・早川書房刊）
『ミクロ経済学の力』（神取道宏著・日本評論社刊）
『良き社会のための経済学』（ジャン・ティロール著・村井章子訳・日本経済新聞出版刊）
『予想通りに不合理』（ダン・アリエリー著・熊谷淳子訳・早川書房刊）
『「原因と結果」の経済学――データから真実を見抜く思考法』（中室牧子、津川友介著・ダイヤモンド社刊）
『眠れなくなるほど面白い　図解 経済の話』（神樹兵輔著・日本文芸社刊）
『見るだけでわかる ピケティ超図解』（神樹兵輔著・フォレスト出版刊）
『図解　経済の常識』（神樹兵輔著・日本文芸社刊）
『最新［日本経済］キーワード』（神樹兵輔著・高橋書店刊）
『自分に合った資産運用投資術』（神樹兵輔著・西東社刊）

WEBサイト
財務省・日本銀行・経済産業省・総務省・ロイター・AFP通信・ブルームバーグ・共同通信社

切りとり線

★読者のみなさまにお願い

この本をお読みになって、どんな感想をお持ちでしょうか。祥伝社のホームページから書評をお送りいただけたら、ありがたく存じます。今後の企画の参考にさせていただきます。また、次ページの原稿用紙を切り取り、左記まで郵送していただいても結構です。

お寄せいただいた書評は、ご了解のうえ新聞・雑誌などを通じて紹介させていただくこともあります。採用の場合は、特製図書カードを差しあげます。

なお、ご記入いただいたお名前、ご住所、ご連絡先等は、書評紹介の事前了解、謝礼のお届け以外の目的で利用することはありません。また、それらの情報を6カ月を越えて保管することもありません。

〒101-8701（お手紙は郵便番号だけで届きます）
祥伝社　新書編集部
電話03（3265）2310
祥伝社ブックレビュー　www.shodensha.co.jp/bookreview

★本書の購買動機（媒体名、あるいは○をつけてください）

＿＿＿＿新聞の広告を見て	＿＿＿＿誌の広告を見て	＿＿＿＿の書評を見て	＿＿＿＿の Web を見て	書店で見かけて	知人のすすめで

★100字書評……経済のカラクリ

名前

住所

年齢

職業

神樹兵輔　かみき・へいすけ

投資コンサルタント＆経済アナリスト。富裕層向けに「海外投資・懇話会」を主宰。金融・為替・不動産投資情報などを提供している。著書に『面白いほどよくわかる 最新 経済のしくみ』『図解 景気のカラクリ＆金融のしくみ』『金儲けの投資学』（以上、日本文芸社）、『20代で資産をつくる本』（廣済堂出版）など多数。
メールアドレス kamiki0225@yahoo.co.jp

経済のカラクリ
――知らないと損をする53の〝真実〟

神樹兵輔

2020年11月10日　初版第1刷発行

発行者……………辻 浩明
発行所……………祥伝社しょうでんしゃ
〒101-8701　東京都千代田区神田神保町3-3
電話　03(3265)2081(販売部)
電話　03(3265)2310(編集部)
電話　03(3265)3622(業務部)
ホームページ　www.shodensha.co.jp

装丁者……………盛川和洋
印刷所……………萩原印刷
製本所……………ナショナル製本

Printed in Japan　ISBN978-4-396-11614-9　C0233

〈祥伝社新書〉
経済を知る

498
総合商社　その「強さ」と、日本企業の「次」を探る
なぜ日本にだけ存在し、生き残ることができたのか。最強のビジネスモデルを解説
専修大学教授　**田中隆之**

478
新富裕層の研究　日本経済を変える新たな仕組み
新富裕層はどのようにして生まれ、富のルールはどう変わったのか
経済評論家　**加谷珪一**

503
仮想通貨で銀行が消える日
送金手数料が不要になる？　通貨政策が効かない？　社会の仕組みが激変する！
信州大学教授　**真壁昭夫**

601
不動産で知る日本のこれから
データを駆使して景気動向を分析。そこから浮かび上がる、日本の姿とは
不動産コンサルタント　**牧野知弘**

611
不動産激変　コロナが変えた日本社会
新型コロナの終息後、激変する不動産の世界を予測する
牧野知弘